Passives Einkommen mit Internet Marketing

BOOK TITLE

John T. Wild

Copyright © 2022 John T. Wild

Alle Rechte vorbehalten.

ISBN: 9798364869586

INHALT

1	Vorwort	1
2	Was ist Internet-Marketing	5
3	Der Blog	9
4	Websites für das Internet-Marketing	17
5	Bereiche des Internet-Markting	26
6	Kenntnisse im Internet-Marketing	43
7	SEO und die Traffic-Generierung	56
8	Verstehen, wie Werbung funktioniert	66
9	Kundenmanagement	92
10	Verkauf und Bereitstellung digitaler Produkte	103
11	Passives Einkommen: Online-Geldverdien-Systeme	119
12	Vorlage 1: Aufbau von Websites oder Blogs – Monetarisierung mit Einnahmen aus Inseraten	123
13	Vorlage 2: Affiliate-Marketing und der Aufbau von e-Mail-Lsten in Nischen-Märkten	139

14	Vorlage 3: Passives Einkommen mit dem eigenen Produkt und der eigenen Marke	145
15	Vorlage 4: Andere Webmaster mit Dienstleistungen versorgen	149
16	Schlusswort	161

1 VORWORT

Sehr geehrte Leserin, sehr geehrter Leser,

vielen Dank, dass Sie mir Ihr Vertrauen schenken und sich für dieses Buch entschieden haben. Mit meinen Sachbüchern spreche ich gezielt Menschen an, die für sich und ihre Familie etwas aufbauen wollen. Und nicht nur aufbauen, sondern auch Einnahmen generieren wollen. So handelt auch dieses Buch von erprobten Anleitungen zum gezielten und doch abgesicherten Aufbau von Online-Geschäften, die nach und nach tragfähige Einnahmen erwirtschaften.

Passives Einkommen sichert zusätzlich ab. Es verhält sich wie ein zweites Standbein. Sie können es auch erst nebenberuflich beginnen und sich also in Sicherheit ausprobieren.

Hierfür haben Sie nun eine Schritt-für-Schritt-Anleitung in der Hand, wenn Sie gleich bis zum dritten Abschnitt im Buch gehen. Studieren Sie bitte aber auch die Hinleitung zum Thema und die Grundlagen. Einige essentielle Tipps finden Sie direkt im Text, einige Zusammenhänge ergeben sich für Sie leichter, wenn Sie den kompletten Zusammenhand verstanden haben.

Wie auch immer Ihre Herangehensweise ist, es hat sich noch niemals ausgezahlt zu zögern. **Nur der Aktive vermag zu handeln. Also handeln Sie!** Und freuen Sie sich schon heute auf Ihren ersten Gewinn.

Ihr John T. Wild

Weiterführende Informationen unter:

2 WAS IST INTERNET-MARKETING?

Internetmarketing ist wirklich eines der vielseitigsten und lukrativsten Geschäfte dieses Jahrtausends. Chancen, die heute möglich sind und auch von Ihnen genutzt werden sollten.

Sie befasst sich mit der Vermarktung von Produkten und/oder Dienstleistungen über das

Internet an eine bestimmte Bevölkerungsgruppe oder die ganze Welt? Im Grunde genommen werden Sie die Macht des Internets und seine Verbreitung nutzen, um potenzielle Kunden zu finden oder sie zu Kunden zu machen.

Der Hauptzweck des Internetmarketings besteht darin, die Vorteile des Internet als Medium für den Verkauf von Produkten und Dienstleistungen zu nutzen. Dieses Online-Medium versammelt ein breiteres Spektrum von Verbrauchern und das an einem einzigen Standort – Ihrem heimischen PC, den für Ihr Vorhaben müssen Sie noch nicht einmal aus dem Haus. Sie können sogar aus dem Urlaub ihre Geschäfte weiterführen. Welch schöneren und luxuriöseren Aspekt dieses Geschäftsmodels können Sie in einem andren Wirtschaftszweig erwarten?

Das Internetmarketing ist auch eine sehr wertvolle Methode zur Bereitstellung von Informationen, die diese Verbraucher in einer Weise ansprechen, die sie zu einem Kauf bewegt und animiert. Dies kann spontan geschehen, oder auch ein längerer Prozess der Vertrauensbildung sein.

Die Funktionsweise ist einfach, da viele der Produkte und Dienstleistungen online erhältliche Produkte sind, ungefähr gleich teuer, wie die im Handel erhältlichen. Das Internet macht sie leicht zugänglich und zu einem sehr bequemen Ort für ein neues Geschäft. Das Internet ermöglicht auch Produkte und Dienstleistungen, die nicht in der Nähe zum Kauf und zur Nutzung durch die Kunden zur Verfügung stehen – soll heißen: modern Streaming-Anbieter, oder auch Download-Portale.

Dies ermöglicht es jedem, fast alles zu verkaufen, unabhängig von seinem geografischen Standort. Das Internetmarketing eröffnet zahlreiche Möglichkeiten für Sie können Einnahmequellen schaffen, indem Sie ein Online-Vermarkter werden.

Sie können entweder Ihre eigenen Produkte und Dienstleistungen verkaufen, oder sich mit dem Verkauf von Produkte und Dienstleistungen, die von jemand anderem geschaffen wurden. Um dies zu erreichen, müssen Sie Strategien und Techniken anwenden, mit denen das Internet Ihnen helfen kann, Ihre Marketingziele zu erreichen und zu übertreffen.

Dies werden Sie später in diesem Kurs lernen.

Werfen wir zunächst einen Blick auf die häufigsten Arten von Websites, die Menschen nutzen, um online Geld zu verdienen.

3 DER "BLOG"

Der Begriff "Blog" bezieht sich auf eine gemeinsame Online-Tagebuch-Website. Es ist ein Zusammenschluss der Wörtern Web und Log, um einen Blog zu erstellen.

Blogs sind eine Möglichkeit, Kommentare zu Meinungen und verschiedenen Themen zu veröffentlichen. Formen von Informationen, die über das sogenannte Blogging bereitgestellt werden können, Machen das "Bloggen" schnell und stets aktuell. Der Blog wurde in den späten 90er Jahren um die Jahrtausendwende populär und hat an seiner Beliebtheit stetig zugenommen.

Das Bloggen selbst hat sich heute zu einer Option entwickelt, die für die Vermarktung genutzt werden kann. Online zum Beispiel an die Follower des Blogs. Blog-Follower sind in der Regel Leser, die interessiert, was der Blogger zu fast jedem Thema zu schreiben hat.

Die Wahrscheinlichkeit, einen Leser für einen Blog zu begeistern, ist sehr hoch. Je nachdem, mit welcher Nische sich der Blog beschäftigt. Dieser Ansatz lässt sich schnell auf den Bedarf jedes Online-Shops übertragen und dient auch dem Dropshipping günstigen Traffic zu generieren.

Der Blog kann sich mit einer bestimmten Nische befassen und eine große Menge an Informationen enthalten. Sowohl das Thema als auch die Qualität der Inhalte ziehen mit der Zeit mehr Anhänger an. Blogs lassen seit vielen Jahren ein stetiges Wachstum der Anhängerschaft beobachten. Diese so gewonnene Leserschaft mit vorgeprägten Interessen kann nun schrittweise an weitere Monetarisierungswege herangeführt warden.

Ein Blog, das weiter wächst, ist einfach zu pflegen, wenn der Autor einen Beitrag oder einen Klappentext zu einem verwandten Thema liefern. Diese Leckerbissen der Informationen werden das Interesse der Blog-Follower wecken und den Blog mit regelmäßigen Lesern bevölkert.

Sobald der Blog-Besitzer genügend Follower hat, kann er sich an seine Leser wenden, indem er Produkte anpreisen oder Werbung in ihren Blogs anbieten kann. So oder so können sie aufgrund ihres Einflusses und der Popularität der Blogs, die aktualisiert werden, eine stattliche Leserschaft versammeln. Es dauert aber naturgemäß etwas, bis Sie wirklich große Mengen an Einnahmen von ihren Lesern einnehmen, die Interesse an dem haben, was über die Blog-Schnittstelle vermarktet wird.

Beispiele für die Verwendung von Blogs:

Tageszeitung

Dies ist häufig die häufigste Nutzung eines Blogs durch den traditionellen Nutzer, der einfach nur einen Blog führen will. Sie werden den Blog nutzen, um darüber zu schreiben, was an diesem Tag geschah, welche Gedanken oder Ideen sie hatten und wie sie sich fühlen. Die Weitergabe an andere, die am Lesen interessiert sind, dient eher für die Wirkung im Stil eines persönlichen Tagebuchs mit dem Element der Öffentlichkeitsarbeit.

Unternehmens-Blogging

Dies ist ein Blog-Typ, der für geschäftliche Interessen genutzt wird. Diese können sein:

- Schaffung einer Marke, zur Entwicklung des Marketings
- für die Öffentlichkeitsarbeit nützlich sind.
- das Image des Unternehmens oder der Gesellschaft zu verbessern.

Sie sind das ultimative Instrument, um Informationen darüber zu liefern, wie:

- die Unternehmen helfen die Industriekosten der Gemeinschaft zu senken
- dem Unternehmen helfen, sich bei seinen Kunden beliebt zu machen.
- Sich als Unternehmen als attraktiver

Arbeitgeber zu präsentieren

Nischen-Blogs

Diese sind ebenfalls recht verbreitet und dienen dazu, Informationen über ein spezielles Thema von Interesse zu verbreiten. Diese Arten von Blogs sind diejenigen, die von Internet-Vermarktern am häufigsten angesprochen werden. Sie können sich auf so ziemlich jede Bereiche wie Politik, Reisen, Wohnen, Mode, Bildung, Kunst, Musik usw. Beziehen.

Der Grund, warum sie so gut für das Internetmarketing funktionieren, ist die Tatsache, dass sie so konzentriert auf ein Thema sein können. Dies macht es einfacher, Werbung für die Interessen der Leserschaft zu machen, insbesondere die auf ihre Vorlieben. Wenn es Ihnen gelingt, ihren Geschmack zu treffen, können Werbung und Internet-Marketing Hand in Hand agieren und reibungsloser fubnktionieren. wird bei ihnen viel besser funktionieren.

Medien-Blogs

Die Medien-Blogs sind eine neuere Art von Blogs, die viel besser funktionieren mit den schnelleren Internetverbindungen. Die Nachfrage nach Unterhaltung erfordert weniger Denkleistung. Diese sind sehr einfach zu pflegen und verlangen nur, dass der Blogger Inhalte anbietet, an denen sich seine Follower erfreuen können.

Der Inhalt kann alles sein: Kunstwerke, Fotos, Musik, Videos und sogar interaktive Spiele. Medienblogs können Inhalte auf verschiedene Weise wiederverwenden. Das macht sie zu den am einfachsten zu befüllenden Medien. Medieninhalte können einfach ebenso leicht zu neuen Inhalten gesponnen (abgeändert und neu arrangiert) und vernetzt werden, um sie den Anhänger zugänglich zu machen.

Blogs sind auf natürliche Art und Weise eine der aufmerksamkeitsstärksten Formen der Online-Unterhaltung, die es heute gibt. Mehrere Blog-Dienste und Pakete wie Wordpress sind darauf ausgelegt speziell dazu dienen, dem Publikum einen Absatzmarkt zu bieten, während andere ausschließlich für die Verwendung als Tagebuch gedacht sind. Die Verwendung von Ersterem ist das, worauf Internet-Marketing abzielt.

4 WEBSITES FÜR DAS INTERNET MARKETING

Websites sind eine weitere Form des Marketings, die sich zu einem echten Gewinn entwickeln kann. Sie sind ein wahres Kraftwerk für den Verkauf von allem und jedem, was der Verbraucher wünscht.

Diese Websites können eine große Anzahl von Besuchern auf der Website holen und/oder diesen

Traffic einfach an eine andere Stelle umleiten, wo der Verkauf stattfinden kann. Websites können eine Vielzahl von Taktiken anwenden, die die e möglich macht, Traffic auf der Webseite zu generieren.

Der Grund, warum ein hohes "Verkehrsaufkommen" im Sinne der Traffic-Generierung gut ist, liegt einfach darin, dass je mehr Besucher auf der Website sind, desto höher die Wahrscheinlichkeit ist, dass diese Besucher sich für den Kauf eines Artikels entscheiden, der über das Internet angeboten wird.

Internet-Marketing beruht auf der einfachen Tatsache, dass es immer einen Käufer für Produkte oder Dienstleistungen gibt und das die Aufgabe des Marketings ist, den Weg zum Kunden zu finden und den Kunden mit allen Mitteln zum Kauf zu bewegen.

Es gibt vier wichtige Geschäftsmodelle, die den Großteil des Internet-Marketings ausmachen. Unter den Websites sind das folgende:

E-Commerce-Websites

Dieses Modell des Internet-Marketings soll es den Kunden ermöglichen direct bei einem Unternehmen zu kaufen und um direkt an den Verbraucher zu verkaufen. Das Hauptkonzept für das Internet

Marketing über E-Commerce-Websites besteht darin, ein virtuelles Geschäft zu schaffen, in dem die Verbraucher wie in jedem anderen Geschäft einkaufen.

Diese Bequemlichkeit macht es möglich, dass eine große Vielfalt von Preisen und Produkten je nach Verfügbarkeit und Nachfrage auf dem Markt zum Kauf gestellt werden

Führende Standorte

Die Schaffung von Traffic auf einer Website auf der Grundlage des Wertes der Informationen kann eine sehr einfache Möglichkeit sein, um Leads zu generieren. Das ist der Zweck von Lead-Sites Besucher anlocken zu können, die sich höchstwahrscheinlich für die Produkte oder Dienstleistungen, die von dem Unternehmen angeboten warden, interessieren.

Diese Lead-Sites funktionieren auf der Grundlage des Wertes des Inhalts und der Website-Ersteller dem Nutzer Informationen, Tools oder andere Dienste anbieten kann. Diese Seiten sollten benutzerfreundlich sein. Die Verkäufe werden im Allgemeinen auf der Grundlage der Notwendigkeit abgeschlossen mehr über etwas zu erfahren oder eine notwendige Funktion zu erfüllen, die nicht kostenlos erhältlich ist.

Affiliate-Marketing

Affiliate-Marketing über Websites und andere Wege, wie zum Beispiel Blogs, ist der Prozess der Werbung oder des Verkaufs von Produkten oder Dienstleistungen, die von einem anderen Unternehmen geschaffen wurden, und Teilhabe am Gewinn bei dessen Umsartz zu erhalten. Dies ist ein Provisionsgeschäft, welches stattliche Zahlungen an Sie bewirken kann. In der Regel ist die Zahlung der Provision an den Kaufabschluss oder ein Abonemment beim Drittanbieter gebunden.

Gewinne aus dem Affiliate Marketing ermöglicht es Anfängern den Marketingservice in Anspruch nehmen und mit der Vermarktung fremder Produkte Einnahmen zu erzielen

Durch ein Affiliate-Programm des Herstellers entfällt die Notwendigkeit, eine Werbung für das

Produkt oder eine Dienstleistung zu entwickeln, was eine Weile dauern könnte und viel Zeit und Geld in den Prozess der Vermarktung benötigt. Dies ist eine der gängigsten Methoden, um ins Internet-Marketing einzusteigen. Dies ist einer der einfachsten Einstiegswege in das System des Verkaufs von Produkten und Dienstleistungen für andere auf Provisionsbasis.

Regionale Marketing-Websites

Der Prozess des lokalen oder regionalen Marketings ist eine der Optionen, die man mit einer Website ebenfalls bewerkstelligen kann. Das Internet zu nutzen, um Optionen für die reale Welt und regionale Anwendungen zu starten, können auf verschiedene Weise realisiert werden.

Regionale Marketing-Websites ermöglicht es, den Online-Verkauf an lokale Unternehmen zu starten –

unabhängig vom Standort der Website. Dies kann durch Sozial Media Online-Plattformen beschleunigt warden. Diese können Benutzer der Ziel-Region auf die Websites leiten, die der lokalen Handel vor Ort benötigt. Lokales Marketing kann die Kosten für den Versand tatsächlich senken. Spätestens seit Click and Collect in aller Munde ist. Dadurch wird es möglich ohne Inanspruchnahme eines externen Dienstes für den Transport die Produkte vom Kunden selbst abholen zu lassen.

Unterstützt von einer App dient dies auch der Rückverfolgung des Einkaufsverhaltens der Kunden. So entdeckt man Gewohnheiten, die man gezielt als Unternehmen ausschöpfen kann.

Websites können als Erweiterung des Geschäfts oder Unternehmens genutzt werden, um seine Produkte oder Dienstleistungen den Verbrauchern anzubieten. Websites sind ein vielseitiges Internet-Marketing-Instrument, das nicht übersehen und genutzt werden sollten, wann immer es möglich ist sie zu nutzen. Es gilt der Spruch:

Keine Website – kein Geschäft.

Websites sind auch eines der überzeugendsten Marketingmaterialien für das Marketing selbst, da es Zeit braucht, sie zu erstellen, und weil sie glaubwürdiger sind als ein einfaches Gespräch mit einem Verkäufer.

Denn Websites werden höchstwahrscheinlich in irgendeiner Weise interaktiv gestaltet und können so viel mehr Aufmerksamkeit bei ihrem Publikum erregen. Eine gut komponierte Website kann einen Besucher auf der Website halten, der die Informationen aufnimmt um mehr über die Produkte und Dienstleistungen zu erfahren.

Je mehr Informationen die Besucher während ihrer Zeit auf der Website erhalten, desto besser werden sie über die Produkte informiert. Wenn sie das Gefühl haben sie wissen mehr als genug über die Produkte, werten potentielle Kunden den Nutzen für ihre Bedürfnisse, was zu einem Kauf führen kann.

Die Website kann auch dazu beitragen, das Bedürfnis nach Kauf eines Artikels befriedigen. Die Überzeugung, einen Kauf zu tätigen, kann auf viele psychologische Ebenen oder einfach durch die Bereitstellung des richtigen Umfelds stattfinden. Der Besucher soll sich wohl genug fühlen, um einen Kauf zu tätigen. Die Atmosphäre ausgehend von der Website spielt eine wichtige Rolle bei der Umsatzgenerierung.

5 BEREICHE DES INTERNET MARKETING

Das Internetmarketing wird auch in Zukunft verschiedene Formen annehmen, die alle durch intensive Veränderungen gekennzeichnet sein warden. Jeder, der bereit ist, sich Zeit zu nehmen und sich anzustrengen, um eine erfolgreiche Internet-Marketing-Kampagnen zu starten, wird für sich oder als Dienstleister für ein Unternehmen erfolgreich sein.

Durch das Verständnis und die Anwendung der Bereiche des Internetmarketings in Ihrer Kampagne werden Sie in der Lage sein, Verkäufe zu generieren und dauerhafte Einkommensströme zu schaffen. Einkünfte, die mit minimaler Instandhaltung für einige Zeit erhalten bleiben.

Jeder einzelne Bereich des Internetmarketings, den Sie erkunden können, bietet Ihnen mehr Möglichkeiten, mehr Menschen zu erreichen und potenzielle Kunden in Stammkunden zu verwandeln.

Je besser Sie die Produkte vermarkten, desto weiter ist Ihr Marketing Je nach den gewählten Methoden erreichen Sie Ihre Kunden aus Nah und Fern - vielleicht kommen sogar Kunden aus der ganzen Welt zu Ihnen, um das zu kaufen, was Sie verkaufen.

Partnerschaftsmarketing im Internet

Einer der Bereiche der Internet-Marketing-Praktiken ist das Affiliate-Marketing. Dieser Prozess ist in Wirklichkeit ein Empfehlungsprogramm, das darauf abzielt, einen Verkäufer für Kunden anlocken und sie zum Kauf eines Produkts oder einer Dienstleistung bewegen. Diese Belohnung kann ein großzügiger Prozentsatz der Gesamtkosten der einzelnen Artikel sein. Der Affiliate-Vermarkter wird auf der Grundlage seiner Verkaufszahlen dann eine zuvor vereinbarte Provision zahlen.

Affiliate Marketing ist sehr vielseitig, denn es kann fast überall eingesetzt werden. Viele der Methoden umfassen die Vermarktung des Produkts in organischen Suchmaschinenergebnisse, über Anzeigen, E-Mail-Marketing und sogar Display-Marketing wie Fernsehwerbung. Dies kann den Bekanntheitsgrad des Affiliate-Marketings bei einem größeren Publikum erheblich erhöhen, was zu mehr Umsatz führen könnte.

Die gebräuchlichste Form des Affiliate-Marketings ist das Lenken des Traffics auf die Website des Produktverkäufers, um einen Verkauf zu tätigen. Die Websites zu denen der Verkehr geleitet wird, stellen in der Regel eine große Menge an Marketing-Instrumenten und Verkaufstexte zur Verfügung, um die Besucher in Kunden zu verwandeln, was wiederum sowohl für den Partner als auch für das Produkt zu Einnahmen führt.

Dies ist häufig eine der bevorzugten Methoden für Produktdesigner, um Geld mit ihren Produkten zu verdienen. Sie selbst müssen einfach andere dazu bringen die daran interessiert sind, ihre Produkte oder Dienstleistungen für sie zu verkaufen und ihnen leistungsabhängige Vergütung gewähren.

Wenn ein Vermarkter keine Verkäufe tätigt, erhält er auch kein Geld. Je mehr Verkäufe getätigt werden, desto mehr Geld ist für den

Produktentwickler generiert und der Internet-Vermarkter erhält eine großartige Entlohnung für ihre Arbeit, die den Umsatz generiert.

Auf diese Weise muss der Produktentwickler nur für die Verkäufe zahlen und trotzdem einen Anteil erhalten, obwohl sie so gut wie nichts tun müssen.

Die Umsetzung von Affiliate Marketing ist sehr einfach und kann mit einem bestehenden Programm oder durch Experimentieren mit verschiedenen Optionen für den Verkauf über Internet-Marketing bewerkstelligt werden.

Der Produktentwickler wird entweder seine eigene Software verwenden, um die Affiliate-Marketing Kampange anzubieten, oder sie nutzen einen Dienst eines Dritten, der den Prozess vereinfachen kann und es jedem ermöglicht, sich an der "goldenen Kuh" Affiliate-Marketing zu beteiligen.

Wer sic him Internet auskennt findet schnell einige

große Plattformen, die sowohl Anbieter als auch mögliche Werbetreibende zusammenbringt.

Es gibt eine Vielzahl von Überzeugungsmethoden, um Besucher zu Partnerprogrammen zu bringen:

- Über Landing Pages einen Kauf zu tätigen.
- Vom Angebot einer zeitlich begrenztes Angebot, das es ermöglicht, etwas auf der Seite anzuklicken
- einen Rabattcode offenbaren, mit dem das Produkt oder die Dienstleistung zu einem Teil der Kosten zur Erzielung des Umsatzes mit dem Produkt verwendet wird
- Dienstleistungen im Paket anbieten.

Dies mag zwar effektiv sein, aber die Gesamtverkaufskosten sinken dadurch und wird sowohl für den Partner als auch für den Produkthersteller weniger Geld einbringen.

Verkaufen Sie Ihre eigenen Produkte im Internet

Internetmarketing zum Verkauf Ihrer eigenen Produkte ist auf verschiedene Weise möglich. Eine der wichtigsten Fragen, die Sie klären müssen, ist, ob Sie physische Produkte anbieten möchten, wenn Sie verkaufen.

Physische Produkte können und werden Geld einbringen, wenn sie richtig vermarktet werden, aber haben sie oft einige Nachteile:

Lagerbestand

Sie müssen immer etwas von dem Produkt vorrätig haben, um es zu verkaufen.

Wenn Sie das Produkt nicht zur Verfügung haben, werden Sie nicht in der Lage sein zu verkaufen. Das bedeutet, dass Sie auch die Materialien für die Herstellung der Produkte haben müssen oder über

Mittel verfügen müssen, um weitere Produkte herzustellen, sobald sie hergestellt sind.

Ihre verfügbaren Bestände sind erschöpft und es besteht ein größeres Nachfrage, die Sie nicht bedienen können. Bei diesem Szenario verlieren Sie in der Regel sehr schnell einen Teil Ihrer Kunden.

Lagerung

Lagerbestände zu haben ist eine Sache, aber die Lagerung von Überbeständen ist nie einfach. Es sei denn, der Produzent verfügt über ein Lager, in dem er große Mengen von Vorräten, die nicht sofort verbraucht warden lagern kann. Lagerkosten sind heutzutage nicht zu unterschätzen. Selbst wenn Sie bei Amazon FBA betreiben, als Amazon das Fulfillment Ihrer eingeschickten Waren übernimmt, zahlen Sie für die Lagerung dort einen Anteil.

Versand

Der Produktentwickler müsste dann in der Lage sein, Bestellungen zu bearbeiten und an die entsprechenden Kunden zu versenden, die ihre Produkte gekauft haben. Mehrere Produkte zu haben und ein umfangreiches Sortiment vorzuhalten, macht die Sache nur noch komplizierter.

Überbestand

Eine Überbevorratung verschlimmert diesen Prozess bei physischen Gütern noch. Wenn ein Teil des Bestands nicht verkauft werden kann, muss das Produkt eventuell abgeschrieben und vernichtet warden, was ein zusätzliches Risiko darstellt. Mit den entstehenden Kosten bleiben Sie vermutlich auf der Strecke. Eine gründliche Recherche Ihrer Einkaufspolitik ist also unumgänglich. Dies gilt vor allem für den Einkaufspreis. Wer teuer kauft, hat schon verloren.

Internetmarketing ohne physische Produkte kann diese Probleme erheblich verringern. Ein Internet-Produkt oder eine Dienstleistung, die elektronisch geliefert werden kann, muss der Verkäufer nicht physisch auf Lager haben, es muss keine Wartezeit und Lieferverzögerung berücksichtigt warden. Neben erforderlichem Speicherplatz benötigt diese Vorgehensweise keine besonderen Fähigkeiten. Überhöhte Bestände, die zu einem Verlust führen könnten oder während der Wirtschaftsperiode viel Kapital binden, gibt es nicht.

CPA-Marketing im Internet

CPA oder Cost Per Action, ist eine Online-Werbeoption für Internet. Marketing, das sehr nützlich für diejenigen ist, die andere davon überzeugen können Kriterien erfüllen und auszufüllen, die wiederum den Vermarkter nach Kauf-Abschluss gutgeschrieben wird. Ein Inserent hat in der Regel mehrere verschiedene Aktionen und Bedingungen, die für Sie als Vermarkter für die Durchführung der einzelnen Werbeaktionen vor einer Auszahlung erfüllt sein müssen.

Einige dieser CPA-Optionen sind:

Käufe

Wenn ein Kunde ein Produkt oder eine Dienstleistung erwirbt, wird das dem Vermarkter gutgeschrieben warden. Sie erhalten eine angemessene Vergütung für den von Ihnen beworbenen Verkauf.

Diese sind den Optionen des Affiliate-Marketings sehr ähnlich, bei denen der Vermarkter für jeden Verkauf, den er tätigt, einen Teil der Provision erhält.

Einreichungen

Für das Ausfüllen eines Formulars, einer Umfrage oder die Teilnahme an einer Art von Erhebung von Informationen können Internet-Vermarkter eine große Menge an Daten für die Marktforschung oder andere Zwecke nutzen. Sie müssen sich die Formulare durch möglichst passgenaue Verbraucher ausfüllen lassen. Die Auswahl an verschiedenen Einreichungsoptionen macht es tendenziell auch zu einer vielseitigen Option, die es ermöglicht, Aktionen durchzuführen und damit Geld zu verdienen.

Herunterladen

Ein Besucher lädt eine Datei herunter, die dann dem Unternehmen über entweder einen Download-Link oder eine Berichtsfunktion der heruntergeladenen Datei, welche verkauft wurde, dient. Die Monetarisierung kann für den Vermarkter für die Weiterleitung der Besucher auf den Download-Link erfolgen. Diese option kann sich als sehr langsam erweisen und eine erolgreiche Monetarisierung erst sehr spat zeigen.

Einrichtungen

Dies ist eine der wertvollsten Optionen für CPA-Partner, um zu versuchen, eine Provision zu erhalten. Das Publikum hat dabei folgendes zu tun: Erst Zahlung im Online-Angebot, dann Download und Installation einer Software. Die erfolgreiche Installation kann wiederum Daten der Nutzer sammeln oder selbst erheben. Gebräuchlich sind heute auch die In-App-Käufe, die auch normaler Anwendungssoftware stecken kann.

Softwareanbieter haben das Marketing im Blick und verfolgen die Installationen, um mehr Informationen über ihre Gewohnheiten der Nutzer zu erhalten. Dies liefert den Entwicklern wichtige Informationen, die ihnen helfen, bessere Produkte zu einem späteren Zeitpunkt zu veröffentlichen. Viele dieser Installationen werden herausgefiltert durch Antivirus- und Spyware-Entfernungssoftware aufgrund ihrer Datensammelwut. Es kann die Auflage gemacht warden die Erkennungssoftware zuvor zu entfernen. Erst dann wird ein CPA dem Konto gutgeschrieben.

Werbetreibende halten diese Art von Marketing für die optimale Werbeoption, denn sie können genau kontrollieren, wofür sie ihre Vermarkter bezahlen und tun dies dann nur, wenn sie die Anforderungen jedes Mal erfüllen.

Eine andere Form davon ist CPL oder Cost Per Lead, bei der die Kosten für qualifizierte Leads, die zu einem direkten Verkauf führen können oder auch nicht. Hier sind die Vorschriften im Allgemeinen weniger streng, aber dennoch müssen die Besucher wichtige Schritte ausführen, bevor dem Vermarkter ein Zuschuss angeboten wird.

Förderung des Offline-Geschäfts im Internet

Internet-Marketing bedeutet nicht nur Online-Marketing. Einer der überraschendsdene Nutzen des Internetmarketings ist der Werbeeffekt einer Offline-Geschäftsmodels.

Online-Präsenzen von Offline-Geschäften erfüllen zwei wichtige Funktionen:

Zunächst einmal erhalten die Offline-Unternehmen eine Online-Präsenz, was bedeutet, dass Sie online gefunden werden können und erscheinen somit in den Suchergebnissen bei Google und Co. Die zweite Funktion ist es, die Reichweite des Unternehmens für ein größeres Publikum zu erhöhen. Diese Exposition und Selbstdarstellung ist eine sehr gute Chance, die dazu beitragen kann, neue Kunden für ein Unternehmen zu gewinnen und die allgemeinen Geschäftsabläufe des Unternehmens zu verbessern.

Die Online-Werbung für Unternehmen trägt wirklich dazu bei, das Angebot des Unternehmens nachhaltig bekannt zu machen. Es hilft dabei, die Ideen und Vorstellungen zu vermitteln, was das Unternehmen bietet, leistet und welche Qualität geboten wird - welche Probleme sie lösen können und wie Sie sie erreichen können.

Es ist eine perfekte Gelegenheit, Informationen über eine Dienstleistung zu erhalten, die Sie vielleicht zu diesem Zeitpunkt gerade wirklich brauchen.

Eine Online-Präsenz bietet die Möglichkeit, jeden wissen zu lassen, dass ein Unternehmen wirklich existiert. Dies ist sehr nützlich, insbesondere zur Legitimierung der Unternehmen und informieren alle darüber, wo sie zu finden sind und welche

Öffnungszeiten gelten, wer der Eigentümer ist und viele weitere Informationen, die nicht unbedingt über andere Medien übertragen werden. Fotos vom Verkaufsraum zum Beispiel, die Kunden gemacht haben.

E-Mails sind auch eine weitere gängige Methode der Werbung für ein Offline-Unternehmen. Diejenigen, die eine Möglichkeit haben, E-Mails in einem regionalen Gebiet zu vermarkten kann ein lokales Unternehmen schnell und effizient verbreitet und gefördert werden.

Der einzige Nachteil von E-Mails ist die Tatsache, dass Sie berechtigt sein müssen, die E-Mails an jemanden zuschicken, sonst ist es Spam und kann rechtliche Folgen für Sie haben. Die Verwendung einer E-Mail-Liste kann helfen, interessierte Parteien per E-Mail zu erreichen.

6 KENNTNISSE IM INTERNET MARKETING

Sie müssen Ihre Fähigkeiten im Internet-Marketing stetig ausbauen, bevor Sie sich auf den Weg machen. Kreieren Sie einen Internet-Marketing-Plan oder ein Marketing -Programm. Wenn nicht, können Sie am Ende mehr Geld ausgeben, wo es nicht gebraucht wird, und mehr verlieren, als man besitzt und mit positive Umsätzen wirklich stemmen kann.

Dies ist keine produktive Nutzung Ihrer Zeit und Ihrer Bemühungen. Deshalb ist es wichtig, dass Sie lernen, wofür jede dieser Fähigkeiten eingesetzt wird und warum sie für Ihre Arbeit nützlich sind.

Die Zusammenstellung eines Arsenals dieser wertvollen Fähigkeiten ist eine der wichtigsten Dinge, die Sie in Ihrer Internet-Marketing-Vorbereitung tun können.

Wenn Sie mehr über diese Fähigkeiten wissen, werden Sie mit Sicherheit mehrere Vorteile und Optionen haben, die Sie bei Ihren Internet-Marketing-Aktivitäten ausprobieren sollten.

Nischenforschung: "Märkte" aufdecken

Nischenforschung ist die Zeit, die Sie investieren, um zu erfahren, was Ihr Markt in Bezug auf Rentabilität und Stärke ist. Je mehr Sie über Ihre Nische wissen, desto besser, und das wird durch die Ergebnisse bewiesen, die Sie mit jeder Nische sehen werden, mit der Sie experimentieren.

In einen Bereich zu gehen, in dem man kaum etwas über die Nische weiß, ist wirklich eine schlechte Entscheidung, und zwar aus zwei sehr guten Gründen:

Erstens betreten Sie einen Marketingbereich, in dem viele andere Experten zu diesem Thema sind. Zweitens werden Sie Schwierigkeiten haben, in der Umgebung mit vielen Marktbegleitern gut zu arbeiten, weil Sie wenig bis gar nichts über die Nische wissen. Wenn Sie nun denken, dass Sie im ersten Moment keine Ahnung von Nischen haben, dann liegen Sie falsch. Denken Sie an etwas, das Sie persönlich interessiert - in größerem Umfang als die meisten anderen Themen.

Dies ist eine gute Nische für Ihre erste Marktforschung. Der Grund, warum es eine bessere Nische ist, ist einfach, da Sie bereits einige Kenntnisse über die Nische haben und wissen, wo Sie weitere Informationen über den Nischenmarkt finden, den Sie interessiert.

Zu wissen, dass es in der Nische ein begeistertes Publikum gibt, ist immer ein guter Start. Wenn Sie wissen, dass andere an der Nische interessiert sind (generell gefragte Produktgruppe), können Sie sicherstellen, dass die Nische ein hohes Verkaufsvolumen erreichen kann.

Wenn eine Nische wirklich langweilig ist, dann gibt es vielleicht kein Publikum, an welches Sie Ihre Vermarktungsbemühungen richten. Dies wäre für Ihr Internetmarketing sehr verheerend, weil dann jegliche Maßnahme ins Leere läuft und Sie obendrei jedesmal Geld und damit finanziellen Spielraum kostet.

Das Interesse an einer Nische ist bereits ein Schritt

in die richtige Richtung. Dadurch wird sichergestellt, dass Sie sich auf die Nische konzentrieren können und mehr verstehen, lernen und Wissen in kürzerer Zeit ansammeln. Ihre gesamten Bemühungen warden viel schneller fruchten und Sie finanziell in einem neuen Licht erscheinen lassen.

Die Umfrage

Sie können mehr durch eine Umfang innerhalb der Nische erfahren, z. B. über die allgemeine Nische, die alle Untersparten abdeckt. Dies ist nützlich, um festzustellen, ob Sie sich auf die Vermarktung an ein breiteres Publikum oder an ein spezialisiertes Publikum richten. Um zu verstehen, worüber wir sprechen, müssen wir uns eine Beispiel-Nische ansehen:

Breite Nische

Kunsthandwerk kann eine sehr breite Nische sein.

Es kann eine große Vielfalt geben - Kunsthandwerk, das von der einfachen Gestaltung von Kunstwerken mit Hilfe von besonderen Materialien bis hin zu hochspezialisierten Kunstwerken, die im Einzelhandel Hunderte von Euro kosten können.

Allgemeine Nische

Schmuck ist eine Unternische des Kunsthandwerks. Obwohl es noch sehr allgemein ist in Bezug auf die konkrete Ausführung, so beschreibt die Nische bereits ein spezifische Produktgruppe. Sie ist spezifischer als nur Handwerk. Schmuck kann Kunst oder Mode sein und in der Preisklasse von billig bis teuer reichen. Schmuck vermittelt auch eine Vorstellung davon, womit Sie es zu tun haben werden.

Enge Nische

Ringe sind eine Unterkategorie des Schmucks und können dennoch recht breit gefächert sein. Es gibt mehrere Arten von Ringen, auf die man sich konzentrieren kann. Eine enge Nische ist immer eine gute Option, um ein erstes Marketing zu versuchen.

Spezialisierte Nische

Gold Verlobungsring ist eine spezialisierte Nische. Sie sind auf dem Weg zum Produkt, die für die Besucher von Interesse sein werden (potenzielle Kunden) und an die Sie Ihr Marketing richten wird.

Die Nische des Verlobungsrings wird in der Regel durch das Metall Gold besetzt. Einerseits, wegen der Tradition, auch wenn es so viele Möglichkeiten für Alternativen zu Gold gäbe. Und natürlich im Laufe des Lebens auch mehrere Gelegenheiten zum Verschenken eines Rings, als ausgerechnet nur der Verlobungsring, den ja dann auch nur die Dame erhält. Sie könnten die Nische noch spezifischer gestalten

Obwohl..., ist das dann eigentlich noch sinnvoll?

Spezifische oder extrem gezielte Nische

Menschen, die sich für Tiffany & Co. Gold Verlobungsringe interessieren, wissen offensichtlich genau, was sie wollen. Dies ist eine sehr spezifische Nische und Ihr zu erwartender Traffic an Besuchern für die Nische wird direkt abhängig von diesen Schlüsselwörtern oder Keywords sein. Ihre Online-Marketing-Materialien zu finden. Diese spezifischen Nischen können leicht oder schwer zu bearbeiten sein, je nach Nische und wie viel Wettbewerb es in der Nische gibt.

Wenn Sie den Wettbewerb in Ihrer Nische überprüfen wollen, haben Sie zwei Möglichkeiten.

Die erste Möglichkeit besteht darin, Ihre Nische in einer Suchmaschine zu suchen. Eine einfache Suche unter http://www.google.com reicht hierfür bereits.

Wir werden zum Beispiel die Nischen-Schlüsselwörter verwenden, die wir in der vorherigen Situation kennengelernt haben:

"Kunsthandwerk" erhält rund 269.000.000 Ergebnisse (gerundet)

"Schmuck" erhält etwa 526.000.000 Ergebnisse (gerundet)

"Ringe" erhält etwa 238.000.000 Ergebnisse (gerundet)

"Verlobungsring aus Gold" erhält rund 5.700.000 Ergebnisse (gerundet)

"Tiffany & Co. Gold Verlobungsring" erhält rund 558.000 Ergebnisse (gerundet)

Wir könnten unsere Suche auch immer spezifischer gestalten. Jedes Mal, wenn Sie spezifischer werden, gibt es im Allgemeinen weniger Ergebnisse. Es gibt einige Schlüsselwörter, die aus *irgendeinem* Grund viel Aufmerksamkeit erregen. Oft ist dies aber nicht immer der Fall.

Um zu zeigen, wie eng die Ergebnisse mit einer weiteren Ebene werden, suchen wir für "Tiffany & Co. 18K Gelbgold Tiffany Verlobungsring Fassung". Dies ergibt nur 55.000 Ergebnisse (gerundet). Sie sehen, je spezifischer Sie Ihre Suche gestalten, desto weniger Ergebnisse gibt es. Dies wird Ihnen helfen, die Marktdichte für Ihre Nische besser abschätzen zu können-.

Natürlich sollten Sie bei Ihren Suchbegriffen nicht immer so spezifisch vorgehen wie. Die meisten Menschen geben nicht so viel ein, wenn sie eine

Suche bei Google durchführen.

Die zweite Möglichkeit ist ein Blick in die Google Trends:

http://www.google.com/trends

Mit Google Trends können Sie Ihre Nische eingeben und sehen, wie oft sie gesucht werden. Auf diese Weise können Sie nachvollziehen, wie oft Ihre Sparte gezielt nachgefragt wird und Ihre Marketingbemühungen von Ihrem potenziellen Publikum tatsächlich gesehen warden.

Sie können auch den Dienst Google Trends nutzen, um mehrere Nischen zu vergleichen Schlüsselwörter miteinander zu vergleichen, um ein geeigneteres Experimentierfeld für Ihre marketingstrategie aus der Liste auszuwählen.

Denken Sie daran, dass Sie sich nicht direkt auf eine Nische beschränken müssen. Sie könnten mehrere

Teilnischen innerhalb einer breiteren Nische ebenso einfach mit mehr Chancen auf bessere Ergebnisse in der Zukunft betreiben.

Selbst bei einem hohen Verkehrsaufkommen müssen Sie noch feststellen, ob nicht die Nische noch starker monetarisiert werden kann. Wir können verstehen, dass Schmuck ein profitable Nische für die Kunsthandwerker ist, die den Schmuck herstellen. Für einen Internet Vermarkter, kommt der Gewinn in vielen Formen daher.

Monetarisierung ist die Fähigkeit, etwas in einen Einnahmestrom zu verwandeln.

Selbst bei einem guten Nischenkeyword mit geringem Wettbewerb wie "Tiffany's Verlobungsring", ein geschätzter Richtpreis, den Sie von Google AdWords erhalten würden, könnte 2 $ pro Klick betragen. Die täglichen Klicks würden weniger als einen pro Tag für dieses Schlüsselwort betragen, so dass Sie froh sein können, wenn Sie mit aggressivem Marketing ein paar Euro pro Monat bekommen.

Es ist eine gute Idee, alle diese Parameter mit der Google AdWords Keyword-Tool verfügbar unter

http://www.adwords.google.com/select/keywordtoolexternal

zu beobachten und stetig zu analysieren.

7 SEO UND DIE TRAFFIC-GENERIERUNG

Eine der wichtigsten Fähigkeiten, die Sie brauchen, um zu lernen ist SEO (Search Engine Optimization) und Traffic-Generierung. Was SEO zusammenfasst, ist die Schaffung von realen Inhalten und die Optimierung dieser Inhalte, damit sie von der Suche richtig indiziert warden.

Spider, auch bekannt als Webcrawler, Robots, Bots und andere technische Namen sind spezielle Programme, die darauf ausgerichtet sind, neue Online-Angebote zu finden. Inhalte, die nicht in die Datenbanken und im Verzeichnis von Google (und auch andere Suchmaschinen) stehen.

Die SEO Optimierung kann auf viele verschiedene Arten durchgeführt werden, die alle zum Erfolg beitragen können. Wichtig ist die Wirksamkeit des Prozesses insgesamt laufend zu evaluieren.

Das Wichtigste bei der Suchmaschinenoptimierung ist die Ausnutzung der Suchfunktion. Suchmaschinen und Menschen arbeiten ähnlich, wenn sie nach ihren Schlüsselwörtern suchen. Sie suchen Verbindungen zu bereits Bekanntem. Das nennen wir lernen. Auch berücksichtigt werden die Suchbegriffe, die von den Nutzern auf natürliche Weise verwendet, also nicht als Vorschlag der Suchmaschien zu Werbezwecken benutzt, sondern "organisch" von selber aus eigenem Interesse des potentiellen Käufers. Unabhängig, welche Zielgruppe und welche Suchmaschinen sie am häufigsten für den Zugriff auf die Suchergebnisse verwenden. Dies wird durch eine Reihe von Regeln erreicht, die, wie nachfolgend beschrieben, festgelegt wurden

Schlüsselwörter

Das Einzige, was den Suchmaschinen hilft, die Quellen Ihres Verkehrs zu erkennen und widerum selsbtändig suchen zu können, sind Schlüsselwörter. Schlüsselwörter helfen, die Suchmaschine zu leiten, indem sie in den Inhalten, die es aus dem Internet abruft, liest und bewertet, was relevant sein soll und was nicht so relevant ist.

Der Inhalt muss die von Ihnen verwendeten Schlüsselwörter enthalten, es sei denn, die Schlüsselwörter sind grundsätzlich in keiner Weise zusammen verwendet worden, dann werden die besten Übereinstimmungen vorgeschlagen.

Die Verwendung einer breiten Palette von Keywords für jeden Beitrag ist immer ein guter Weg, um den Inhalt zu einer Menge von Interessenten bei Google zu bringen. Die Verwendung von nur 1-3 Schlüsselwörtern pro Artikel ist immer empfohlen.

Schlüsselwort-Dichte

Die Schlüsselwortdichte gibt an, wie oft das Schlüsselwort in einem Inhalt auf einer Website vorkommt. Das kann ein Artikel sein, ein Kommentar sein, oder auch innerhalb einer Seite in den Tiefen der Website. Das Schlüsselwort wird eine bestimmte Anzahl von Malen genutzt, und das ist die Anzahl, die man geteilt durch die Gesamtzahl der Wörter im Haupttext teilt, um die Schlüsselwort-Dichte zu erhalten.

Diese Zahl sollte dann mit 100 multipliziert werden. Die sich daraus ergebende Zahl ist die prozentuale Häufigkeit, mit der das Schlüsselwort in dem Dokument verwendet wurde. Dieser Prozentsatz ist die Schlüsselwortdichte. Die Dichte sollte zwischen 3 und 15 % der Gesamtwortzahl des Textes liegen. Mehr oder die Verwendung zu vieler Schlüsselwörter kann als Keyword-Stuffing gewertet warden und das wird von Google nicht akzeptiert bzw. Mit einem Malus belegt.

Meta-Tags

Die Meta-Tags sind Tags, die der Seite mitteilen, was angezeigt werden soll. Sie sind Daten oder auch Elemente, die dem Browser zusätzliche Informationen über den Inhalt anzeigen und wer der Autor war, das Veröffentlichungsdatum, das Verfallsdatum, die Beschreibung der Seite und vieles mehr.

Dies ist der beste Weg, um eine On-Page-Optimierung für den Inhalt vorzunehmen. Sobald die Meta-Tags vollständig sind, werden die Suchmaschinen noch mehr Informationen haben, die sie bei der Kategorisierung der Ergebnisse bei einer organischen Suche durch einen Nutzer anleiten.

Backlinks

Die Backlinks sind alle Links, die zu einer Seite auf Ihrer Website zurückführen oder zu jeder Website, auf der sich ein Inhalt befindet. Backlinks sind sehr wichtig für Google, damit man legal mitteilen kann, welche Websites glaubwürdiger sind.

Grundsätzlich gilt: Je mehr gültige Backlinks erstellt werden, desto mehr wird Google versuchen die

Website, zu der diese Links führen, für wichtig zu erachten. Je stärker diese Links von etablierten Websites stammen, desto besser. Sie tragen zur Beurteilung der Website oder des Inhalts bei.

Dies führt zu einer viel besseren Platzierung in den Suchergebnissen für die Seiten, die die besten Backlink-Quellen haben.

Website-Codierung

Die Codierung Ihrer Website ist auch eines der Dinge, die Google eine Betrachten wert ist. Eine sehr niedrige Qualität der Kodierung oder viele Fehler im Code wie z. B. Überschüssiger und unnötiger Code wird auf die Website angerechnet.

Es ist eine gute Idee, sich die Zeit zu nehmen, um den HTML-Code oder andere Kodierungen zu bereinigen, die auf der Website verwendet werden, um für Google interessant zu sein. Es ist am besten, den Code so sauber wie möglich zu halten und gleichzeitig die Anzahl der auftretenden Fehler zu reduzieren. Ihre Website wird im Vergleich zu anderen Websites gesehen, die entweder sauber sind oder etwar vielleicht auch chaotisch.

Es gibt zwei Hauptarten von SEO.

White Hat SEO

Dies ist ein Begriff für eine Reihe von Techniken, die eingesetzt werden, um positive und lang anhaltende Effekte für die Optimierung zu erreichen. Diese sind dafür bekannt, nicht zu brechen und die Nutzungsbedingungen oder Website-Regeln von Google und anderen Suchmaschinen zu respektieren.

Black Hut SEO

Dies sind SEO-Techniken, die für eine schnelle Verbesserung der Suchmaschinenplatzierungen innerhalb einer sehr kurzen Zeitspanne eingesetzt werden. Diese Techniken erhöhen die Wahrscheinlichkeit, dass die Seiten schneller indexiert und höher eingestuft werden aber auch die Möglichkeit, dass die Website aus Google entfernt wird, weil eine Umgehung des natürlichen Ranking-Prozessesstattfindet. Websites, die bei der Durchführung von Black Hat SEO erwischt werden, bleiben normalerweise von der Listung gestrichen und für eine bestimmte Zeit oder auf unbestimmte Zeit nicht wieder zugelassen.

Traffic-Generierung kann auch auf viele Arten erfolgen. Die Hauptsache über die Traffic-Generierung ist, dass alle SEO-Vorbereitungen, die gemacht werden, dazu beitragen werden, den Traffic im Laufe der Zeit zu erhöhen. Die Steigerung des Traffic über andere Methoden wird, wann immer möglich, gefördert. Das Hinterlassen von Backlinks an verschiedenen Stellen ist von großer Bedeutung, um das Interesse an der Website zu wecken. Vor allem, wenn sie sich an Orten befindet, an denen die aufgeschlossenen Menschen zusammenkommen.

Am besten ist es, ein Webforum oder eine Gruppe zu wählen, die sich mit der gleichen Nische befassen und Links zu der Ziel-Seite an verschiedenen Stellen ihres eigenen Webauftritts posten.

Jedes Mal, wenn Sie dies tun, erhöhen Sie die Wahrscheinlichkeit, dass die Website besucht wird.

SEO-Tools und Dienstleistungsangebote finden Sie auf https://www.storeshop24.com

8 VERSTEHEN, WIE WERBUNG FUNKTIONIERT

Werbetexten

Werbetexten ist eine mächtige und gewinnbringende Fähigkeit, die es zu erlernen gilt. Im Grunde ist die Kopie der Inhalte, die Sie auf Ihrer Website oder in verschiedenen anderen Orten nutzen, die, die genutzt werden, um ein Produkt zu verkaufen – es ist der Slogan oder der

Kontent, der verkauft.

Es gibt mehrere Möglichkeiten, wie Ihr Text das Interesse Ihrer Kunden wecken kann. Hier sind 6 Optionen, die Sie sich merken sollten, wenn Sie Texte schreiben, die höchstwahrscheinlich die Leser auf einer Ebene ansprechen, die ihr Interesse weckt und sie zum Kauf bewegt.

Aufmerksamkeit und lesen Sie jedes Wort bis zum Ende:

1. **Ängste** - Wenn Sie wissen, was Ihr Publikum fürchtet, können Sie verstehen, wie man sie dazu bringt, zuzuhören. Durch die Kenntnis der Probleme des Publikums, können Sie Ihren Text so formulieren, dass er so klingt, als würden Sie in der Lage sind, ihre Probleme zu lösen. Dies ist eine großartige Möglichkeit, ihre Aufmerksamkeit zu gewinnen und die Aufmerksamkeit über die ersten Sekunden hinaus aufrechtzuerhalten.

2. **Sprache** - Halten Sie sich an den Sprachgebrauch, den Ihr Publikum. Wenn Sie kurz davor sind radikale Dinge zu sagen, dann sollten Sie auch so klingen. Sie möchten, dass sie das Gefühl haben, dass Sie einer von ihnen sind und das ist keine leichte Aufgabe sei. Natürlich wird Ihr Text gesehen warden. Zunächst von ein Paar Dutzend, später hoffentlich von Hunderten und Tausenden von Menschen. Stellen Sie sicher, dass Sie auf ihrem Niveau sind und verstehen, was sie von Ihnen hören wollen. Je mehr Sie sich bemühen, wie Ihr Publikum zu klingen, desto leichter. Sie müssen die Aufmerksamkeit der Kunden halten, wenn Sie ihnen etwas verkaufen wollen.

3. **Gesprächston** - Sie wollen so klingen, als würden Sie mit Ihrem Publikum auf einer Augenhöhe sprechen und nicht auf sie, den Boden oder irgendetwas anderes herabsehen. Ein einfacher

Konversationston reicht aus, um eine bessere Verbindung herzustellen. Wenn Sie in der Lage sind, ein Gespräch mit den Zuhörern zu führen, auch wenn diese nur zuhören, dann hören Ihre potentiellen Kunden, was Sie zu sagen haben. Sie stehen praktisch mit Ihnen in Kontakt. Wenn Sie jemandem eine Frage stellen, werden Sie nicht in der Lage sein, sie wirklich zu beantworten. Sie können mit ihnen *zusammen* antworten und ihnen helfen, die Richtung, in die sie denken sollen, zu beeinflussen und zu lenken. Dies ist sehr hilfreich zum Beispiel beim Verkauf von teureren Artikeln. Sie müssen den Leser glauben lassen, dass er beim Kauf Ihres Produkts einen neutlichen Mehrwert hat und es dennoch das im Rahmen seiner Möglichkeiten liegt.

4. **Beziehung** - Bei jedem Austausch von Nachrichten zwischen Ihnen und Ihrem möglichen Kunden beschreiben Sie eine Beziehung zwischen

Ihnen:

Sie möchten, dass Ihre Kunden verstehen, dass Sie für sie da sind.

Sie werden glauben wollen, dass Sie ihr Freund sind und dass Sie niemals belügen. Auch wenn das zum Teil stimmt, wollen Sie trotzdem, dass sie kaufen. Ihre Produkte oder die Arten von Produkten, die Sie vermarkten.

Solange Sie Ihren Zuhörern das Gefühl geben, dass Sie ihr Freund sind, werden sie es auch sein. Die Kunden werden mehr auf Ihre Vorschläge reagieren, wenn Sie ihnen sagen, dass sie alles erst einmal ausprobieren sollen - Produkte, ihre kostenlosen Testversionen und andere Optionen, die mit ihnen verfügbar sind.

5. Wert - Jedes Mal, wenn Sie einen Austausch mit Ihren Kunden haben, müssen Sie transportieren, dass das, was Sie ihnen anbieten, das auch wert ist, was Sie ihnen bieten und dass der Preis, den sie am Ende zahlen warden vollauf gerechtfertigt ist. Der beste Weg, dies zu tun, ist die Gesamtkosten jedes Merkmals aufzuschlüsseln und anzugeben, welchen Wert die einzelnen Merkmale haben. Dann zählen Sie auf, was Sie verkaufen wollen und locken Sie mit dem niedrigen Preis, den sie zahlen, um den größeren Wert zu erhalten. Dies ist die gleiche Technik, die die Telefonverkäufer und Werbespots verwenden, um das Interesse von Spontankäufern zu wecken.

6. Verkauf - Egal, was Sie tun, Sie müssen Ihrem Publikum sagen, dass Sie versuchen, ihnen etwas zu verkaufen. So wissen sie, dass sie es kaufen können und dass sie diese Möglichkeit sofort nutzen sollten.

Vermitteln Sie ihnen ein Gefühl der Dringlichkeit, damit sie den Kauf tätigen, wann immer es angebracht ist, damit sie das Gefühl haben, dass sie den Kauf tätigen müssen. Ihnen dieses Gefühl der Dringlichkeit zu vermitteln, ist immer ein guter Weg, um Verkäufe zu erzielen, weil das Publikum glauben wird, dass sich das Fenster der Gelegenheit schließt und sie ihren Kauf bald tätigen müssen, sonst verpassen sie das, was für sie zu diesem Preis verfügbar ist.

Umrechnungen

Damit sind die Verkäufe gemeint, die getätigt werden, nachdem Ihr Publikum Ihre Marketing-Materialien wie Ihre Texte wahrgenommen hat. Die Konversionsrate ist die Prozentsatz der Kaufabschlüsse, die Sie von der Gesamtzahl der Aufrufe von besagtes Marketingmaterial erzielt haben.

Sie möchten, dass Ihre Umsätze so hoch wie möglich sind, insbesondere bei Ihren Verkaufstexten. Die beste Methode, um dies zu erreichen, ist, der Vorteil, wenn man eine großartige Werbeseite zu schreiben vermag, um Verkäufe zu erzielen. Wenn Sie es selbst nicht so gut können, können Sie einen professionellem Autor für die Erstellung der Texte beauftragen. Er kann die Zahl der Konversionen durch Verbesserung der Art und Weise, wie die Texte das Publikum erreichen, steigern. Content für Ihre Webseite können Sie auch beauftragen unter https://www.storeshop24.com

A/B Split-Testing Ihrer Werbung

AB-Split-Tests sind im Allgemeinen eine Marketingpraxis, die darauf abzielt zu verstehen, welche Elemente einer Marketingtaktik am besten funktionieren, oder wieso es plötzlich zu einem Verkaufsrückgang kam. Diese kann mit Tests für eine Vielzahl verschiedener Elemente durchgeführt werden, z. B. Überschriften, Formatierung und Tonfall des Inhalts.

Der AB-Splittest wird am effektivsten verwendet, um besser zu verstehen, wie die Verhaltensweisen der Besucher sind und welche Prioritäten sie setzen, wenn sie auf Ihrer Website sind. Darüberhinaus dient die A/B-Split Analyse auch der Entscheidungsgrundlage, um zuverstehen, wie Sie Ihre Marketingtaktik ändern können oder müssen.

AB-Split-Tests sind auch eine gute Gelegenheit, Probleme mit der Website zu lösen. Seiten oder Inhalte, die nicht korrekt angezeigt oder einfach nicht richtig gerendert werden. Dies kann Ihnen bei der Fehlersuche auf Ihrer Website helfen und Probleme aufdecken, die Ihre Konversionen behindern könnten.

AB-Splittests sind auch eine gute Methode, um etwas auszuprobieren, etwas völlig anders. Etwas

Neues. Was ändert sich wie bei Ihren Marketingtaktiken nun bei Ihren Kunden?

Sie können kleine Änderungen an ganzen Seiten oder Websites ausprobieren, um zu sehen, welche die besten Ergebnisse bei der Gestaltung Ihrer Website sind.

Es ist wichtig, A/B-Split-Tests über einen bestimmten Zeitraum durchzuführen, um zu sehen, welche Maßnahme am besten funktioniert. Je mehr Tests Sie mit dem A/B-Splittest durchführen, desto größer ist die Aussagekraft der Ergebnisse und die Vielfalt der Werte kann Ihnen helfen, zu bestimmen, was für Ihre Online-Auftritte am besten geeignet ist, damit Sie alles aus Ihren Seiten herausholen können

Squeeze-Seiten

Die Squeeze Page ist eine Art Landing Page, die speziell dafür konzipiert ist, eine eine große Menge an Informationen für eine Direktmarketingkampagne zu sammeln. Meistens steht die e-Mail Adresse des Besuchers im Mittelpunkt des Interesses. Der Squeeze-Seite hilft den potenziellen Kunden, ihre Vorsicht und ihre Bedenken fallen zu lassen, wie sonst üblich und vorhanden im Internet. In der Regel gelingt dies mit einem Versprechen, oder dem realen Angebot eines kostenlosen Downloads von Tipps oder ähnlichem. Die Art dieser maßnahme gilt als relative zuverlässig und birngt Sie als Webseitenbetreiber in den Genuß von Kontaktdaten potentieller Kunden. Deren thematisches Interesse haben Sie jedenfalls dait sicher schon einmal bestätigt bekommen.

Der grundlegende Aufbau einer Squeeze Page ist einfach, es ist eine einzelne Webseite die darauf ausgelegt ist, die E-Mail-Adresse des Besuchers zu erfassen. Die Seite wird absolut keine Exit-Links haben, die den Besucher ablenken könnten und über die sie die Seite verlassen könnten. Stattdessen ist die Seite stark für die Suche optimiert, also SEO wieder einmal, um sicherzustellen, dass sie bei der Suche nach dem angebotenen Produkt auf Ihrer Seite landen.

Die wichtigsten Komponenten einer Squeeze Page:

Testimonials

Überall auf der Squeeze-Seite – Bereiche, die erklären, wie gut das Produkt funktioniert. Oft geht es dabei um den Erfolg und wie weniger die Zeit, die es brauchte, um diesen Erfolg zu erreichen. Es macht es einfacher, die Menschen dazu zu bringen, die das Produkt nicht näher nachzudenken, denn schließlich haben so viele Menschen so großen Erfolg damit gehabt. Es wird nicht erwähnt, wie viele Menschen nach dem Kauf des Produkts keine Fortschritte gemacht haben und ohne Erfolg blieben.

Einprägsame Verkaufstexte

Eines der großen Dinge über eine Squeeze Page ist die Menge der Arbeit, die im Content steckt, also die Qualität der Texte. Wenn der Text sehr gut formuliert ist, können die Leser gut folgen. Der Text wird dazu beitragen, eine Verbindung zum Leser herzustellen, was wiederum dazu beiträgt den Anschein zuerwecken, dass der Schriftsteller/Autor ihr Freund ist. Mit dieser Beziehung kann der Autor dem Leser so ziemlich alles erzählen, was er will, und die Leser wird es höchstwahrscheinlich glauben.

Points/Fakts/Bullets

Aufzählungspunkte kennzeichnen wichtige Teile der Squeeze Page. Stattdessen sind die Bullets in der Lage, Ihnen vorzugaukeln, was der Ersteller der Squeeze Page wollte, dass Sie sehen und wahrnehmen. Bullets werden oft dazu benutzt, um Ihnen mitzuteilen, was Ihnen entgeht, wenn Sie sich gegen die Verwendung des Produkts entscheiden. Viele der Gründe, die genannt werden, sind generisch, aber persönlicher und in einem eher zwischenmenschlichen Tonfall gehalten, der dem Leser das Gefühl gibt, dass sein Freund ihm einen guten Rat gibt.

Teasers

Dies sind kurze Informationsschnipsel, in die Sie einen Blick in das zu erhaltende Produkt werfen können. Der Leser wird versucht sein, viel mehr über das Produkt zu erfahren, sobald er gesehen hat, was in kleinen Portionen er gleich vollständig in der Hand halten wird.

Dies ist ein großartiger psychologischer Trick, der dem schüchternen Leser hilft, sich ein wenig süchtig nach dem, was sie gerade gelesen hat, nach dem zu sehen, was er geschenkt bekommt. Es ist wie ein Vorgeschmack auf etwas geben und dann sagen, dass der Rest nur für die bezahltenden

Mitglieder der Website verfügbar ist.

Boni

Die Boni sollen den Lesern sagen, was sie zusätzlich zu dem Plan, auf den sie sich für das Produkt einigen, noch alles kaufen könnten. Diese Boni sind sehr einfach zu verstehen und werden in der Regel verlockende Dreingaben sein, die nur verfügbar sind, wenn Sie sich vor der laufenden Frist für das Geschäft entscheiden und den Kauf abschließen. Hier wird zusätzlich die zeitliche Komponente gespielt.

Boni sind zum Beispiel zusätzliche Produkte, kostenlose Schulungen und eine Vielzahl anderer Angebote. Es handelt sich um sonst favorisierte Produkte, die den Lesern vorgaukeln, sie seien dumm, wenn sie das Produkt nicht kaufen würden. Denn dann würden sie ja etwas verpassen All die großartigen Produkte, die im Komplettpaket enthalten sind.

Fristen

Eine Frist für den Verkauf ist bei modernen Squeeze Seiten fast immer vorhanden. Diese werden in der Regel über On-Page-Code gesteuert, der den aktuellen Tag, die Uhrzeit oder andere chronologische Konfigurationen nutzt. Bis zu 24 Stunden werden dem Besucher gegeben, um das Geschäft abzuschließen und ein Produkt bevorzugt zu bestellen, bis es vorbei ist.

Selbst wenn Sie die Seite bis zum Ablauf der Frist geöffnet lassen, so würden Sie sehen, dass die Seite die Frist einfach auf den neuen Zeitraum zurücksetzt. Diese einfacher Trick wird oft dazu führen, dass diejenigen, die diese Art von Seiten nicht kennen glauben, dass sie nur eine begrenzte

Zeit haben, um das Geschäft ihres Lebens zu machen.

Knappheit

Bei der Knappheitsregel wird die Fristenregel auf die Spitze getrieben. Sie bietet eine kodierte Uhr, die den Lesern die Möglichkeit gibt, einen Countdown ablaufen *zu sehen*. Diese Uhr hat in der Regel ein Zeitlimit, z. B. noch 60 Sekunden, bevor das Geschäft vorbei ist. Dies versetzt den Leser in Panik und in vielen Fällen sieht er sich dazu veranlasst, für das Geschäft zu zahlen, bevor sie es vollständig verstehen können.

Auch diese sind einfach kodiert, und es würde nichts ausmachen, wenn der Leser innerhalb des Zeitrahmens oder mit mehreren Tagen Verspätung wiederkommen würde. Er würde trotzdem den gleichen Preis zahlen und erhielte trotzdem alle Boni, wenn sie ihre E-Mail-Adresse eingeben haben.

Videos

Neuere Squeeze Pages enthalten Videos. Diese Videos sind so konzipiert, dass sie Erfahrungsberichte und andere Verkaufsargumente über das Produkt zeigen. Es kann sogar ein kleiner Werbespot sein, der den Betrachter dazu drängt, das Produkt zu kaufen, da er sonst sein Leben nicht so einfach gestalten kann, wie es nur mit *diesem* Produkt möglich ist. Videos sind sehr einfach zu implementieren und werden daher immer häufiger eingesetzt und sind auch immer effektiver.

Audio

Diejenigen, die mit den Videos auf der Squeeze-Seite nicht zurechtkommen, verwenden oft Audio. Audio ist den Videos sehr ähnlich, denn es bietet auditive Stimuli als eine von vielen Möglichkeiten, den Verkauf des Produkts zu fördern.

Es könnte der CEO des Unternehmens sein, der seine Freude darüber zum Ausdruck bringt, dass eine neue Mitgliedschaft nur einen Klick entfernt ist, oder einige Verdienstzahlen, die andere Marktbegleiter mit dem beworbenen System schon gemacht haben.

Dies sind in der Regel Gimmicks, die von denjenigen, die sie einsetzen, als sehr angenehm empfunden werden. Denn man kann nicht glauben, was man ließt. Dies ist in der Regel wirksam, wenn es mit mehreren Grafiken, die Gewinne ausweisen und Diagramme zu steigenden Umsatzzahlen angezeigt wird.

Bürgschaft

Eine Garantie ist nicht auf allen Squeeze-Seiten enthalten, aber sie sind auch heute noch so gebräuchlich genug, um erwähnt zu werden. Manchmal wird ein Vermarkter garantieren wollen, dass ihr Produkt so gut funktioniert, dass sie das Risiko eingehen, Ihr Geld rückzuvergüten, wenn Sie innerhalb eines bestimmten Zeitraums eine Rückerstattung beantragen. In der Regel sind diese Fristen ungewöhnlich lang, um die Person davon abzuhalten, über eine Rückerstattung nachzudenken und man es einfach vergisst. Der Probezeitraum und Testzeitraum läuft ab und der Vertrag gilt damit als geschlossen.

Die einzigen anklickbaren Links, die tatsächlich auf der Seite verfügbar sind, sind die um Informationen an den Dienst zu übermitteln. Die Informationen, die sie versuchen zu bekommen, ist die E-Mail-Adresse, damit sie weitere Informationen über das Projekt anbieten können. Produkt sowie verwandte Produkte, die höchstwahrscheinlich für die Leser interessant sind.

Jetzt, wo Google und andere Suchmaschinen mehr Inhalte auf den Squeeze-Seiten fordern, sind diese in der Lage, von Zeit zu Zeit zu kommen. Dies sind Seiten, die mit einer Vielzahl von Informationen ausgestattet sind, die ihnen helfen ohne in der aktualisierten Google-Suche wie eine Spam-Website auszusehen.

Dankes-Seiten

Eine Dankeseite ist der Ort, an den der Kunde geschickt wird, nachdem er entweder eine E-Mail-Adresse oder den Kauf eines Produkts getätigt haben. Diese Seite ist wichtig, weil sie auf verschiedene Weise verwendet werden kann. Jede Option wird in der Regel dazu beitragen, die Beziehung zum Kunden zu verbessern. Das macht es möglich, noch mehr aus ihnen herauszuholen, wenn Sie es schaffen.

Die meisten Danksagungsseiten sind sehr schlicht und bieten in der Regel nur eine kleine Eindruck eines Dankeschön-Textes mit einem Link zur Rückkehr. Dies ist eine sehr ineffiziente Nutzung der Danksagungsseite. Eine Dankeseite sollte so optimiert werden, dass sie bunt ist, aber nicht störend für die Augen sein. Die Seite sollte außerdem mehr als nur die Worte "Danke" sagen, nachdem sie zugestimmt haben.

Als Erstes könnten Sie die Seite so anpassen, dass sie zum Rest der Website passt. Dies kann eine einfache Änderung der Vorlage sein, damit die Seite harmonisch eingebettet wird.

Der Grund, warum dies empfohlen wird, ist einfach, denn niemand möchte mit einer unappetitlichen und wenig aufregenden Seite begrüßt werden, auf der es lediglich heißt: "Danke Es kann ihnen das Gefühl geben, dass Sie das Geld einfach genommen haben und Sie nun von der

Website entfernen möchten. Sobald dies abgeschlossen ist, können Sie aktualisieren was die Seite zu sagen hat.

Am einfachsten ist es, den Text persönlicher zu gestalten. Sie können sagen: "Wir danken Ihnen, dass Sie Kunde bei uns sind und würden uns freuen Sie wieder bei uns begrüßen zu dürfen". Eine weitere Nachricht ist immer eine gute Idee, die man in Betracht ziehen sollte. Eine beliebige Anzahl anderer Nachrichten kann verwendet werden, um die Dankeseite ein wenig mehr zu gestalten. Sympathisch und freundlich zu wirken, wenn ein Kauf abgeschlossen ist, sollte selbstverständlich sein.

Schließlich können Sie auf der Dankeseite Anzeigen schalten, um die andere Produkte zu bewerben. Auf diese Weise können Sie möglicherweise einen doppelten Gewinn erzielen und Provisionen aus zwei separaten Produkten beziehen.

Wenn Sie Ihren Kunden erlauben, auf die Dankeseite zu gelangen, kann sie also darauf zugeschnitten sein, ihnen zu helfen, andere tolle Angebote zu finden, die sie vielleicht noch nicht kennen.

Sozial Media

Auch dies ist eine großartige Idee, die sich mit modernen Mitteln sehr einfach umsetzen lässt. Tools, die direkt bei den sozialen Mediendiensten verfügbar sind, wie z. B.

https://www.facebook.com

https://www.twitter.com

https://www.pinterest.com

https://www.tiktok.com

Diese sozialen Plattformen können Ihren Kunden helfen, neue Kunden zu werben. Zunächst vielleicht nur unter Freunden, dann über Gruppen und Vereinen. Allen gemein ist, dass sie thematisch oft nahe beieinander sind und deshalb die gezeigten Seiten und Werbungen besser und effektiver wirken. Außerdem vertraut man oft der Empfehlung eines Freundes mehr, auch über ein soziales Netzwerk.

9 KUNDENMANAGEMENT

Erfolgreiches Kundenmanagement ist eine sehr wichtige Fähigkeit im Umgang mit Internet-Marketing. Sie werden grundsätzlich eine Liste von E-Mails aufbauen, die möglicherweise zu Kunden für andere Projekte warden, wie auch für Ihr aktuelles Projekt.

Die E-Mail-Liste, die Sie aufbauen, wächst durch die Nutzung Ihrer Squeeze-Seite und andere Opt-in-

Abonnementmethoden. Durch die Nutzung dieser von Ihnen gesammelten E-Mail-Adressen werden Sie später einen Mehrwert erzielen. Alle Kunden gaben Ihnen die Erlaubnis, ihnen E-Mail-Werbung zu schicken. Dies ist im heutigen Rechtsverkehr und dem Onlinehandel und Internet Marketing selbstverständlich.

Verwaltung von E-Mail-Listen

Achten Sie darauf, dass Ihre E-Mail-Liste nur eindeutige Adressen enthält, sonst senden Sie am Ende mehrere E-Mails an dieselbe Person. Das wird Ihnen wirklich nicht viel helfen. Es kann Kunden sogar verärgern, wenn sie eine große Menge an Informationen erhalten. Oder einfach nur mehrfach den selben Text. Spam-E-Mails sollten von einem Unternehmen, wie dem Ihren, besser nicht stammen. Die regelmäßige Prüfung ist eine gute Idee. Löschen Sie alle Duplikate, die auf Ihrer Mailingliste erschienen sind.

Newsletters

Eine der besten Möglichkeiten, um sicherzustellen, dass Ihre E-Mail-Liste auf dem neuesten Stand ist und alle Ihre Produkte auch beworben werden, ist der Versand von Newslettern. Newsletter können aus einer Vielzahl von verschiedenen Teilen bestehen. Der Newsletter ist eine gute Möglichkeit, über alle Änderungen im Geschäftsverlauf zu berichten, die bei der Zusammenstellung Ihrer Produkte gemacht worden sind. Angebote, Preisreduzierungen, Versandkosten, usw.

Jede neue Ergänzung zu Ihren Produkten ist eine gute Möglichkeit, alle darüber zu informieren, dass Sie das, was Sie verkaufen, erweitern, ohne jemanden außen vor zu lassen. Newsletter können auch Berichte und Artikel enthalten, die nützlich sind und in Bezug zu der Nische stehen, auf die sich Ihre Produkte beziehen und um weitere Informationen zu liefern über das, was in dieser Nische so vor sich geht.

Verwendung von Autorespondern

Wenn Sie einen Autoresponder mit Ihrer E-Mail-Sammelsoftware eingerichtet haben könnten es so einrichten, dass E-Mail-Adressen, die zu Ihrer Liste hinzugefügt werden automatisch Marketing-E-Mails erhalten, sobald sie sich angemeldet haben.

Autoresponder sind ein spezieller Service, der zu Ihrer E-Mail hinzugefügt werden kann. Jeder Autoresponder ist anders und bietet ein unterschiedliches Maß an Benutzerfreundlichkeit. Die Wahl einer Option, die Unterstützung und Analysetools anbietet, ist immer eine gute Gelegenheit, um sicherzustellen, dass Sie Ihr Publikum erreichen.

Online-Zahlungsabwicklung akzeptieren

Die Zahlungsabwicklung ist ein sehr wichtiges Thema. Es ist die Art und Weise, wie Sie mit dem Geldstrom bezahlt werden, wenn Sie ein Produkt verkaufen. Sie können nicht einfach online verkaufen, ohne dass Ihnen eine Zahlungsabwicklungsoption zur Verfügung steht, die Sie nutzen können.

Das Wichtigste, was Sie sich merken müssen, ist, dass die Zahlung und Verarbeitung nur für einige Programme mit einigen Drittanbietern verfügbar ist.

Die Nutzung eines Dienstes wie PayPal - https://www.paypal.com - ist einfach zu handhaben und erfordert nur ein paar zusätzliche Sicherheitsmaßnahmen, um ein voll funktionsfähiges Konto zu haben. Der Erhalt mehrerer Währungen ist hierbei ebenfalls möglich. Eine Währung muss aber bevorzug ausgewählt werden. Dies sollte jene sein, von der Sie am meißten Einnahmen erwarten. Alle weiteren Geldzuflüsse in anderen Währungen warden bei Ankunft dann in die Hauptwährung umgetauscht.

Ein Händlerkonto ist ebenfalls möglich und erfordert, dass Sie sich mit einem Unternehmen, das für Sie in Frage kommt, zusammenarbeiten, damit Sie Zahlungen von Käufern entgegennehmen können.

PayPal verwenden

PayPal-Buttons sind eine der einfachsten Optionen zur Implementierung auf einer Website. Sie sind grundsätzlich so gestaltet, wie sie benötigt werden und können überall platziert warden. Auf jeder Website. Der Dienst verfügt über ein integriertes Tool, mit dem Sie die PayPal-Schaltflächen für die

Bezahlung fertig erhalten, ohne dass sie manuell codiert oder programmiert werden müssen.

Das Tool bietet Ihnen eine einfache Schnittstelle, in die Sie den Betrag, den Sie mit dem PayPal-Service erhalten möchten eintragen und zusätzlich wie Sie ihn erhalten möchten, also per Lastschrift, Kreditkasse, Vorkasse, usw.

Sobald der Vorgang abgeschlossen ist, erstellt PayPal die Schaltfläche und den Code, den Sie einfach ausschneiden und in den HTML-Code Ihrer Website oder Ihrer Seiten einfügen müssen.

Diese einfache Methode spart viele der Zwischenhändler aus und bietet eine prompte Zahlung, die zudem sicher und vor Betrug geschützt ist. Diese Methode macht es sehr einfach, Zahlungen online zu akzeptieren. Beachten Sie: Wenn Sie auf Plattformen wie Amazon verkaufen, markiert ihnen das System zwar die Bezahlung durch den Kunden, aber auf Ihr Geld müssen Sie ca. 2 Monate warten. Hier gibt es keine Ausnahmen. Entweder man unterwirft sich Amazon, oder man verkauft nicht auf Amazon.

Der PayPal-Service ist auch eine der besten Optionen für denVerkäufer-Schutz. Diejenigen, die von einer Rückbuchung von Mitteln betroffen sind, können den Dienst anfechten und ihr Geld durch ein einfaches Verfahren zurückbekommen. Es werden alle Arten von Waren erfasst, auch digitale Waren und immaterielle Güter.

Diese Artikel sind online besonders schwierig zu verkaufen, da die Käufer oft angeben, dass sie die Ware nie erhalten haben oder dass es Fehler bei der Zustellung der Ware gab. Natürlich erlaubt PayPal dem Dienst, Anhänge bereitzustellen, um die unzutreffenden Behauptungen über den Nichterhalt von Sendungen und dergleichen zu vermeiden.

Händlerkonten

Sie werden gebeten, ein Formular auszufüllen, ein

Formular mit all Ihren Informationen, das Sie dann an den Händler senden müssen. Oft können Sie Ihre Unterlagen wie die Formulare, Ihren Personalausweis, einen ungültigen Scheck und andere Nachweise per Fax einsenden, damit Ihr Konto schnell und zeitnah eingerichtet werden kann.

Sobald das Händlerkonto eingerichtet ist, muss es mit der Website verknüpft werden, um auf die Händlerdienste zugreifen zu können. Sie werden im Allgemeinen eine kleine Anleitung anbieten, wie Sie diesen Teil ausfüllen können. Händlerkonten können auch deshalb schwierig sein, weil sie verbunden sein müssen mit einem real existierenden Bankkonto, auf das Geld eingezahlt und von dem Geld abgehoben warden kann. Sie werden in der Regel Geld für die von Ihnen erzielten Umsätze einzahlen müssen, bis alle Servicegebühren hieraus gedeckt wurden.

Wenn Sie keinen Zahlungsverkehrsdienst einrichten, werden Sie nicht mehr in der Lage sein, Zahlungen aus Ihren Online-Verkäufen zu erhalten. Einige Alternativen sind über Clickbank mit Affiliate-Verkäufen zu bekommen.

http://www.clickbank.com - und Google AdSense -

http://adsense.google.com -für Werbung.

Beide schicken Schecks über den Betrag, der Ihnen nach einer bestimmten Zeit zusteht. Diese Schecks können dann auf ein Bankkonto eingezahlt werden unter Ihrem Namen. Es gibt je nach Verkaufsplattform aber auch Mindesbeträge für eine Überweisung, die nicht unbedingt klein sein muss.

Der Hauptgrund, warum Sie eine Online-Zahlungsabwicklung haben wollen, ist also die generelle Bereitstellung, so dass Sie nahezu jede Zahlungsart akzeptieren können. Sie erhalten dadurch die Möglichkeit, Kreditkarten/ Debitkarten/ Scheckkarten/ E-Schecks zu akzeptieren und so viele andere Optionen darüber hinaus. Der Nutzen übersteigt sehr schnell bei weitem die geringen Gebühren, die gegebenenfalls anfallen. Dies macht es möglich die Zahlungsarten zu akzeptieren, die am wichtigsten sind.

10 VERKAUF UND BEREITSTELLUNG DIGITALER PRODUKTE

Digitale Produkte sind eine der häufigsten Arten von Produkten, die Sie online verkaufen können. In der Regel handelt es sich um E-Books, die von einem digitalen Online-Anbieter stammen.

Clickbank

Einer der größten Anbieter für digitale Produkte ist Clickbank. Clickbank ist ein digitaler Online-Händler, der Produkte zum Herunterladen anbietet, wie Software und eBooks zum Beispiel.

Sie machen es einfach, die digitalen Inhalte aufzulisten, zu vermarkten und zu kaufen, die es zu verkaufen gibt. Eines der besten Dinge, die Sie tun können, ist einen Blick auf die Auswahl an Produkten, die über Clickbank erhältlich sind, um ein Gefühl dafür zu bekommen, "was" große Umsätze macht.

Clickbank bietet mehrere Kategorien, in denen Tausende von digitalen Produkte stecken. Durch die Einrichtung eines Kontos bei Clickbank können Sie ganz einfach ein Affiliate-Vermarkter zu werden und die Produkte anderer Leute verkaufen. Die Produkte kommen zum Teil komplett mit einer Squeeze Page, Verkaufstext, Dankeseite und vielem mehr.

Alle diese Ressourcen sind kostenlos und erfordern nur, dass Sie für sie werben bzw. Verkäufe generieren. Dies geschieht durch den Besuch eines Produkts, das Sie gerne fördern würden. Um Ihren individuellen Affiliate-Dienste Link zu finden, platzieren Sie einfach Ihre Partner-ID, die Sie bei der Erstellung eines Kontos bei Clickbank generiert haben. Hier sehen Sie alle Ihre Links für die Produkte, für die Sie werben möchten.

Das Einzige, was noch zu tun ist, ist, den Partnerlink zu bewerben und Verkäufe zu tätigen. Sobald

Sie bereits Umsätze erzielt haben müssen Sie nur noch auf die Zahlung warten. Das ist so einfach wie es nur geht.

Einige Affiliate-Produkte haben sehr hohe Konversionsraten und tolle Boni für den Verkauf ihres Produkts. Dies wird einen Prozentsatz der Verkauf an den Projektträger als Bezahlung für den

Erhalt des Umsatzes. Diese können leicht bis zu 75 % des Kaufpreises betragen und gehen direkt an den Projektträger. Dies ermöglicht es, eine große Menge Geld zu verdienen, wenn Sie von Natur aus das Talent haben, die Produkte anderer Leute zu verkaufen.

Der manuelle Prozess für den Verkauf und die Lieferung digitaler Produkte

Natürlich kann nicht jeder Möglichkeiten wie Clickbank nutzen, um Geld zu verdienen. Verkäufe und Zahlungseingänge prüfen sind aufwendige Prozesse. Wenn Sie in diese Kategorie fallen, ist es an der Zeit den Autoresponder-Dienst zu erstellen, der ein Produkt verschickt, sobald Sie die Zahlung für das Produkt erhalten haben. Die Automatisierung also.

Ermöglicht wird dies durch einen Dienst wie PayPal

oder einen Händler, sowie dem Konto, das mit einem Autoresponder verbunden werden kann. Einmal angehängt, können Sie nahtlos Produkte direkt nach Erhalt der Ware versenden und die Zahlung für die Dienstleistung bekommen.

Erstellen eines Autoresponders für Zahlungen

Viele Autoresponder-Dienste sind sehr einfach einzurichten. Viele bieten Schritt-für-Schritt-Services zur Einrichtung des Autoresponders für den Verkauf. Der Prozess wird in der Regel die Verbindung des PayPal- oder Händlerkontos mit dem Autoresponder-Service zusammengeführt und die richtigen Parameter für die Zahlungen gesetzt.

Sobald eine Zahlung einen bestimmten Verarbeitungsschritt durchlaufen hat, wie z. B. Zahlung des Betrags € XX.XX, wobei "X" für eine beliebige Zahl steht, sendet der Autoresponder die Dateien, die Teil des Verkaufs waren an die vom

Käufer angegebene E-Mail Adresse. Der Käufer erhält seine digitalen Güter und kann sie zuhause genießen.

Einrichten der Dienste mit mehreren Produkten

Da es wahrscheinlich ist, dass Sie mehrere Produkte verkaufen werden, sollten Sie die obigen Anweisungen für jeden Artikel, den Sie bearbeiten wollen, noch einmal befolgen.

Sobald alle Produkte dem Dienst zugeordnet sind, haben Sie die Möglichkeit, mehrere Produkte über mehrere Konten zu verkaufen. Die einzige zusätzliche Arbeit, die Sie leisten müssen, besteht darin, weiterhin die Produkte zu bewerben, um Verkäufe zu erzielen. Die manuelle Methode kann sein in mehreren verschiedenen Marketing-Kanäle zu investieren, aber dies erfordert Wissen, wie man arbeitet und vor allem wie man gut schreibt.

Die Leistungsfähigkeit von HTML-Editoren nutzen

HTML-Editoren sind einfach zu bedienende Produkte, mit denen Sie direkt die HTML (Hyper Text Markup Language) schreiben. Die Bearbeitung von HTML ist eine der wichtigsten Fähigkeiten, die Sie erwerben können, wenn man Webmaster ist. HTML ist nicht so schwer zu erlernen, vor allem mit einigen der verfügbaren HTML-Editoren haben Sie jetzt grafische Benutzeroberflächen zur Verfügung, bei denen Sie alle Attribute für das Dokument auswählen und bearbeiten, ohne dass Sie sie manuell abtippen.

Dies macht die Erstellung von HTML-Dokumenten sehr einfach und kann die Fähigkeiten der meisten Newbies von HTML wirklich verbessern.

Das Erlernen der Grundlagen von HTML ist ebenfalls keine schlechte Idee. Es ist immer von

Vorteil HTML-Kenntnisse zu haben, um eventuelle Probleme selbst beheben zu können. Meistens brauchen Sie HTML-Kenntnisse, um Ihre eigene Landing-Page zu erstellen. Nehmen Sie Änderungen an bestehenden Seiten vor, um ihnen ein individuelles Aussehen zu verleihen.

Durch die Verwendung eines HTML-Editors wird der Prozess vereinfacht, indem der Zugriff auf Tools ermöglichen, die Websites per Drag-and-Drop zu erstellen. Nichts anderes bieten Shopify fest eingebaut und WooCommerce über Plugins, um nur zwei Vertreter von Online-Handelssystemen zu nennen.

Verwendung von FTP und SFTP

Ein FTP-Server (File Transfer Protocol) wurde entwickelt, um das Verschieben von Dateien und Website-Komponenten auf den Server zur

Speicherung. FTP-Übertragungen können im Wesentlichen auf drei Arten erfolgen:

Windows Explorer verwenden

Windows kann über ein beliebiges Explorer-Fenster problemlos eine Verbindung zu einem FTP-Server herstellen. Geben Sie die Adresse des FTP-Servers in die Adressleiste im Fenster. Dazu benötigen Sie die FTP-Adresse Ihres Servers. Normalerweise ist es derselbe wie Ihr Domänenname mit dem Präfix

"sftp://yourdomainname.com" statt

"https://www.yourdomainname.com".

Windows Explorer öffnet ein Feld, in dem Sie nach Ihrem Benutzernamen und Passwort gefragt werden und ob Sie eine Verbindung als Gast herstellen möchten oder nicht. Wenn Sie mit Ihrem Hosting-Benutzernamen und -Passwort verbinden, können Sie die Dateien sehen, die innerhalb des Servers sind, als wären sie eine Datei auf Ihrem Windows-Computer.

Änderungen an den Dateien auf Ihrem Server können dazu führen, dass Ihr Website beschädigt wird und nicht mehr funktioniert. Nehmen Sie Änderungen an der Dateien mit Vorsicht und Sachverstand vor.

Verwendung eines Browsers

Die Browser-Option ist für die meisten Benutzer am sichersten. Sie müssen den Browser zu Ihrem Webhost navigieren. Melden Sie sich mit Ihrem Benutzernamen und Passwort an und suchen Sie die FTP- oder SFTP-Informationen. Möglicherweise können Sie sich mit dem Browser über das Web bei dem FTP-Server anmelden. Wenn dies der Fall ist, wird der FTP-Zugang auf einen Dateimanager beschränkt.

Verwendung einer FTP-Server-Softwarelösung

Es gibt mehrere FTP-Lösungen, die mithilfe von Software sichere Verbindungen zu Servern mit weniger Fehlern und Risiken herstellen. Sie funktionieren alle auf ähnliche Weise: Nach der Installation kann man vom Computer aus auf sie zugreifen. Sie können einen FTP-Server laden, indem Sie den Benutzernamen und das Kennwort verwenden. Sobald der Zugang gewährt ist, können Sie Dateien kopieren, bearbeiten, löschen und erstellen, sowie das Herunterladen bestehender und Hochladen neuer Dateien auf den Server durchführen. Die fortschrittlichen Tools der Serversoftware sind sehr vielseitig und können die Websites viel einfacher als mit anderen Optionen bearbeiten.

Drei kostenlose FTP-Clients, die im Internet verfügbar sind, sind:

https://filezilla-project.org/

https://www.coreftp.com/

https://www.coffeecup.com/free-ftp/

Auf dem Markt gibt es auch mehrere kostenpflichtige Optionen, die Folgendes bieten: Erweiterten Zugang zu FTP-Servern nach Bedarf. Diese sind nur empfohlen für erfahrene Benutzer, die die Funktionsweise der Datei verstehen.

Es ist gut, über FTP-Zugangskenntnisse zu verfügen, denn damit können Sie mehrere Optionen zum Bearbeiten der Website erhalten, zum Speichern von Dateien und zum Auswählen, wie die Website Anfragen abarbeitet. Ein direkter Zugang zum Server kann auch die Möglichkeit bieten, manuell

Software zu installieren, die auf dem Server verwendet werden kann. So können teilweise komplexere Funktionen der Website genutzt werden.

Grafische Fertigkeiten

Grafiken sind in der heutigen Zeit ein fester Bestandteil des Internets und der Websites. Grafiken sind es, die eine ganz andere Szene auf der Leinwand einer Webseite schaffen. Grafiken können in einer großen Vielfalt von verschiedenen Formaten vorkommen und können in ihren Ebenen Transparenz bieten, um dynamisch aussehende Websites erstellen zu können. Grafische Fähigkeiten können in 3 verschiedenen Formen auftreten

Arten von Fähigkeiten:

Zunächst einmal ist es die Fähigkeit zur Fotografie. Die Fotografie macht es möglich, realistische

Grafiken mit Fotos aus der realen Welt zu schaffen und diese online anzuwenden.

Fotos können den Eindruck von Realismus auf Websites vermitteln, wo dies nicht der Fall ist. Websites mit wenig oder gar keinen Grafiken zu sehen ist heute schon fast ungewohnt, abgesehen von ihren schlanken Schnittstelle, also kurzer Ladezeit. Die Fotos können jeder Website ein individuelles Element hinzufügen.

Der zweite Bereich ist die Fotomanipulation und die grafische Bearbeitung. Dies sind die Arten von Grafiken, die aus vorhandenen Bildern erstellt und als für das Web angepasst werden. Dies ist eine gängige Verwendung von Archivbildern und kann einfach und doch elegant, je nach den Fähigkeiten des Bearbeiters der Bilder toll umgesetzt werden.

Die dritte Option ist der Grafiker, der die Fähigkeit

zur Erstellung der notwendigen Grafiken von Grund auf erlernt hat. Diese Künstler sind in der Regel diejenigen, die die Website-Oberfläche gestalten oder bei Bedarf Grafiken mit dem verfügbaren Grafik-Paket anpassen.

Der Grafiker kann in der Regel auch die ersten beiden Fertigkeiten ausführen, und zwar in Verbindung zur Erstellung von Grafiken von Grund auf.

Die Fähigkeit, Zugang zu einer Vielzahl von Fähigkeiten im Grafikbereich zu haben, sind sehr nützlich für die Erstellung von Websites. Wenn Sie nicht über Zugang zu einem Grafikbearbeitungsprogramm verfügen, um Grafiken zu erstellen, können Sie auch jemanden beauftragen.

Ein guter Grafiker wird in der Lage sein, alle Arten von Grafiken zu erstellen, die Sie möglicherweise für Ihre Website benötigen.

11 PASSIVES EINKOMMEN: ONLINE-GELDVERDIEN-SYSTEME

Es gibt alle möglichen Arten passives Einkommen zu generieren. Die nachfolgend dargestellten "Geldverdiensysteme", ermöglichen gegenwärtig einen großen Teil der Einnahmen eines Unternehmens auszumachen. Die Nachahmung dieser Systeme führt zu ähnlichen Ergebnissen und kann diese sogar übertreffen, je nachdem, in welcher Nische des Internets Sie sich befinden.

Es ist wirklich ein Unterschied zwischen Nischen wie denen mit einem schnelllebigen Markt – hier können sofort Umsätze gemacht werden, während es bei anderen einige Zeit dauern kann, bis sie die ersten echten Verkäufe herein bekommen.

Bevor diese Geldverdiensysteme für Sie funktionieren, müssen Sie in der Lage, das System so zusammenzustellen, dass es für Ihre spezielle Nische funktioniert. Man kann die Online-Geldverdiensysteme wirklich mit einem Garten vergleichen. Wenn sie mit der richtigen Pflege genährt werden, geben die Pflanzen ertragreich Früchte. Wenn Sie einen Schritt im Prozess auslassen oder ihn einfach vernachlässigen, erhalten Sie entweder eine schlechte oder gar keine Rendite. Es hängt wirklich von Ihrem Engagement ab, in welchem Umfang Sie passives Einkommen generieren können.

Nächster Schritt: Auswahl dessen, was SIE online tun wollen, um Ihr Ansehen zu steigern und Aufmerksamkeit zu erzeugen.

Hier haben Sie die Wahl, Ihren Online-Internet-Auftritt zu gestalten. Mit etwas Marketing-Glück gelingt Ihnen das auch. Sie müssen zunächst wählen, was Sie tun warden und welchen Marketing-Kanal Sie betreiben möchten, um Ihre Ziele zu erreichen. Machen Sie sich einen Plan und halten Sie sich daran.

Diese nachfolgenden Entwürfe sind so konzipiert, dass Sie improvisieren und Änderungen vornehmen können, je nachdem, wie Sie es für richtig halten, um Ihr Online-Marketing für Sie so profitabel wie möglich zu gestalten.

Beginnen Sie bitte nicht zu vorschnell und nicht zu groß. Damit klappt es nicht unbedingt schneller. Planen Sie für sich eine Zeit des Lernens ein.

12 VORLAGE 1: AUFBAU VON WEBSITES ODER BLOGS – MONETARISIERUNG MIT EINNAHMEN DER INSERENTEN

Für diesen Entwurf benötigen Sie Zugang zu einem Webhoster und Software auf Ihrem PC, um Ihre Website oder Ihren Blog zu erstellen. Zum Glück gibt es eine Reihe von Webhostern, die es möglich machen, mit wenig oder gar keinem Aufwand

Websites und Blogs zu erstellen. Dies ist die sogenannte "1-klick-Installation".

Aufbau einer Website für Werbeeinnahmen

Die Erstellung einer Website zu Werbezwecken ist mit jedem beliebigen Gerät einfach zu bewerkstelligen. Dies ist der Prozess, den Sie vor der Erstellung einer Website durchlaufen sollten, um sicherzustellen, dass Sie alles beim Hoster bekommen, was Sie brauchen, um Ihre Website auf den Weg zu bringen.

Zunächst müssen Sie eine Nische auswählen, in der Sie arbeiten wollen. Wenn Sie Ihre Nische recherchieren, können Sie sehen, wie beliebt sie ist und ob Sie in der Lage sein werden, durch natürliche, "organische" Suchvorgänge Besucher auf Ihre Website bekommen können oder nicht. Sobald Sie sich für Ihre Nische entschieden haben, müssen Sie sich für einen Domänennamen entscheiden, den Sie an Ihre Website anhängen können, um Werbeeinnahmen zu erzielen.

Die gängigste Option ist ein Domänenregistrierungsdienst, der auch zusammen mit einem Hosting-Unternehmen ein Komplettangebot anbieten kann. Dies macht es auf einfache Weise möglich eine Website zu erstellen. Fast jeder Hoster bietet zusätzlich "Bauwerkzeuge" und Templates für jede Installationsart an, sodas Sie schnell voran kommen.

Aktuelle Hosting-Angebote und Anbieter-Vergleiche finden Sie immer auf https://www.storeshop24.com

Die Registrierung eines Domänennamens sollte sorgfältig vorgenommen werden, um seine Wirkung zu maximieren. Die Relevanz für die

Nische, in der er platziert wird, sollte eindeutig zu erkenne sein. Der Domänenname sollte ein Schlüsselwort aus dieser Nische enthalten, das schon alleineine gute Menge an Traffic erzeugen könnte.

Für Werbeeinnahmen ist es eine gute Idee, eine direkte Schlüsselwortphrase im Domänennamen zu erstellen. Ein Domänenname, der zum Beispiel "Video" enthält könnte ein Spieleverleih sein. Und wer die Schlüsselwörter "Videospieleverleih" in der Suche auf Google verwenden möchte, wird dann eher zu Ihrem Domänennamen weitergeleitet.

Für einen Domänennamen kann dies zum Beispiel folgendermaßen aussehen:

Videogameverleih

Videospiele-Verleih

Videospieleverleih

Videospiele-Verleiher

Game-Verleih

Spieleverleih

Dies sind nur einige der Kombinationen, die möglich sind für den Domain-Kauf über eine Registrierungsstelle. In vielen Fällen ist eine sehr beliebte Nische wie Videospiele oder Videospiel aber schon besetzt. Die Mieten für diese Domain werden sehr beliebt sein, und sie werden mehr als wahrscheinlich relativ früh in Anspruch genommen werden. Hier ist also weitere Phantasie gefragt.

Um eine Domain gezielter zu gestalten, sollten zusätzliche Schlüsselwörter der Domain hinzugefügt werden, um weitere Möglichkeiten zu schaffen. Dies sind Beispiele für Domains mit solchen Namen, bei denen die Wahrscheinlichkeit, dass sie in der Nische besetzt werden, geringer ist:

Action-Videospiele-Verleih

NewYorkGameRentals

NewestFunGameRentals

Natürlich gibt es mehrere Methoden, um kürzere Domänennamen zu erhalten. Kürzere Domains sind auch wertvoller, um es Ihren Besuchern einfacher zu Machen und sich zum Beispiel weniger zu vertippen. Außerdem entsteht ein Effekt, dass sich die späteren Kunden den Namen der Webseite besser merken und sich die URL Ihrer Website einprägen. Dies sind die Optionen zur Verkürzung Ihrer Domain:

A-Video-Spiel

AllVideoGames

1FunGameRental

4GameRentals

Obwohl es eine gängige Praxis ist, Domänennamen Nummern hinzuzufügen, um die Domänen ohne die Zahlen zu imitieren, ist es viel besser, die Zahlen als Ersatz für Wörter zu vermeiden, um den Bereich leichter zugänglich zu Machen.

Sobald ein geeigneter Domänenname ausgewählt wurde, ist es an der Zeit, sich mit einer Domain-Endung auseinander zu setzen. Diese sind in der Regel ".com", ".net", ".org" und ".de", ".at" und ".ch". Es gibt aber noch zahlreiche weiter, die erst vor wenigen jahren hinzu gekommen sind, so zum Beispiel ".eu", ".wiki", usw.Andere Top-Level-Domain-Endungen können im Preis von sehr erschwinglich bis teuer in Bezug auf die Preise pro Monat sein. Eine ".com"-Domäne Erweiterung ist für Ihre Website-Besucher in vielen Fällen am einfachsten zu merken. Sie gilt weltweit als die übliche geschäftliche Url-Endung. Deshalb muss sie in der Regel mit mehr Geld bezahlt werden. Als Tipp kann man generell sagen: Kaufen Sie jede URL-Endung bei einem Provider/Registrieungsstelle des jeweiligen Landes. Dort ist es meist am preiswertesten, weil dort ein gewisser Wettbewerb zwischen den providern stattfindet. Die Endung ".com" kaufen Sie am besten bei einem Anbieter in der USA.

Sobald eine Domain erstellt wurde, ist es an der Zeit, die Webseite mit dem von Ihnen gewählte Hosting-Paket zu aktivieren. Der Start einer einfachen Website wird in der Regel keine große Menge an Hosting und Webspace benötigen, so dass ein Basis-Hosting-Tarif für eine einfache

Website leicht zu wählen sein dürfte. Wenn Sie die im Rahmen des Hosting-Dienstes verfügbaren Tools zur Website-Erstellung verwenden, gibt es zahlreiche Vorlagen (sogenannte Templates), die verwendet werden können. Diese Vorlagen machen die Erstellung der Website sehr einfach, indem das Grundgerüst für

die Webseite sofort angezeigt wird und der Benutzer nur noch für ihn wichtige Änderungen anpassen. Sobald Sie den "Rahmen" also ausgewählt haben, müssen Sie nur noch die Website mit Inhalt füllen. Der Inhalt muss eine Quelle für Artikel oder andere Inhalte bieten, die original und vor allem unique sind. Der Inhalt sollte SEO mit Schlüsselwörtern verwenden, die auf die Nische abzielen. Nur "uniquer" Inhalt wir von den Suchmaschinen als neu angesehen und ist deshalb begehrt.

Wenn das Verfassen solcher uniquen Texte mit SEO-Unterstützung nicht Ihr Ding ist, können Sie sich ebenfalls an https://www.storeshop24.com wenden. Hier arbeiten erfahrene Autoren gerne für Sie und Ihr Unternehmen.

Sobald der Inhalt für die Website erstellt ist, die Website live ist und der Öffentlichkeit zur Verfügung steht, ist es an der Zeit, sie mit Werbeeinnahmen zu verbinden und langsam zu monetarisieren.

AdSense ist eine gängige Option für die meisten Internet-Vermarkter. AdSense ist über Google erhältlich, das vollständige Anweisungen bereitstellt und bei der Einrichtung des AdSense-Kontos mit ihrem Online-Dienst behilflich ist. Sobald das AdSense Konto mit der Website verbunden ist, müssen Sie weiterhin Inhalte hinzufügen. Ihre Website, auf der die Anzeigen geschaltet werden, sollten nach und nach mehr Besucher erhalten, was letztendlich Ihre Einnahmen über AdSense erhöhen wird.

Es gibt noch viele andere Dienste für Werbeeinnahmen, die verfügbar sind. Diese Dienste sind in der Regel so konzipiert, dass sie für eine bestimmte Anzahl von Klicks auf die Anzeigen zahlen, oder einen bestimmten Betrag auf der Grundlage der Anzeigen selbst verrechnen.

Einen Blog für Werbeeinnahmen erstellen

Bei Blogs kommt so ziemlich die gleiche Methode wie bei der Erstellung von Websites zum Einsatz. Sie können neben der Domainregistrierung auch einen Hosting-Service in Anspruch nehmen, um eine Website für einen Blog zu erstellen. Go Daddy bietet Blogging-Konten zu einem erschwinglichen Preis an. Diese werden mit der Blogging-Software Ihrer Wahl wie Joomla, WordPress, Drupal und anderen vorinstalliert.

Wordpress

http://www.wordpress.org

WordPress ist eine empfehlenswerte Option, weil es so einfach ist, einen Blog zu verwalten, und weil man den Blog so anpassen kann, dass er wie gewünscht funktioniert.

Wählen Sie einen Domänennamen, der für Ihre Nische relevant ist. Während der Einrichtung werden Sie aufgefordert, dem WordPress-Blog einen Namen zu geben. Er kann später noch geändert warden, wenn Sie feststellen, dass es nicht optimal zu Ihrem Blog passt. Sobald die Einrichtung abgeschlossen ist, müssen Sie sich in die WordPress-Blogverwaltung im Backen als admin einloggen.

Sie müssen zu Ihrer Domain gehen und das

Verzeichnis finden, in dem WordPress wurde installiert. WordPress wird normalerweise im Stammverzeichnis installiert, das ist der root-Ordner des Servers oder Ihres Hosting-Bereichs. Um sich in das WordPress-Administrationspanel einzuloggen, müssen Sie also navigieren zu www.yourdomainname.com/wp-admin und Sie werden eine Aufforderung zur Eingabe Ihrer WordPress-Zugangsdaten sehen.

Während des Einrichtungsprozesses mussten Sie einen Benutzernamen und ein Passwort für das WordPress-Konto wählen. Geben Sie Ihre Daten nun hier ein, um zum Verwaltungsbereich zu gelangen.

Das Administrationspanel ermöglicht es Ihnen, Inhalte zu veröffentlichen, das Thema zu ändern und zusätzlich zur WordPress-Installation Plugins hinzu zu fügen. Die WordPress-Installation ist anfangs sehr einfach. Sie können die verfügbaren Themes mit der Option Theme-Viewer, um ein professionell aussehendes Theme oder ein Theme zu wählen, das Ihrer Nische nahe kommt oder sie begünstigt. Sie können das Theme direkt über die Verwaltungskonsole installieren.

Sobald dies geschehen ist, sollten Sie mit der Erstellung von Inhalten für Ihre Website beginnen. Der Inhalt sollte zu Ihrer Nische passen und über eine gewisse SEO-Praxis mit Schlüsselwörtern und korrekter Formatierung versehen sein. Veröffentlichen Sie den Inhalt im Blog unter "neuer Beitrag"

Der nächste Schritt ist das Hinzufügen von WordPress-Plugins, die es ermöglichen, die Werbung auf Ihrer Website anzuzeigen. Sie können auch nach Plugins suchen, indem Sie die Plugin-Suche in der WordPress-Administrationsoberfläche öffnen. Ein Plugin für Google und AdSensesollten

Sie finden, das die Platzierung Ihrer Anzeigen in Beiträgen oder auf der Seitenleiste erleichtert.

Ohne ein entsprechendes Plugin funktioniert AdSense nicht mit WordPress-basierten Websites wegen einiger kleinerer Code-Konfigurationen. Die Plugins helfen diese Beschränkungen zu umgehen und die Platzierung von AdSense-Anzeigen auf Ihrer Blog-Seite zu ermöglichen.

Als Nächstes müssen Sie die Anleitung befolgen, um Google AdSense mit der Blog-Seite zu verbinden. Sie müssen ebenfalls das allgemeine Verfahren befolgen, das in der Google AdSense-Dienst-Anleitung angegeben wird.

Sobald die Website aktiv ist und Google AdSense auf der Website richtig konfiguriert ist, müssen Sie nur noch den Inhalt der Website erweitern und den Umfang des erzeugten Traffics mit verschiedenen Methoden wachsen lassen. Mit der Zunahme der Besucher auf der Website wächst die Chance und die Wahrscheinlichkeit, dass die Werbeeinnahmen von den Besuchern erwirtschaftet werden, während sie mit der Website interagieren.

Denken Sie daran, dass auch andere Möglichkeiten der Werbeeinnahmen einfach zu realisieren sind, aber sie sind unterschiedlich zu konfigurieren und haben ihre eigenen Vorteile und Nachteile. Es ist nicht ungewöhnlich, dass ein Blog eine andere Option als Google AdSense verwenden.

13 VORLAGE 2: AFFILIATE-MARKETING UND DER AUFBAU VON E-MAIL-LISTEN IN NISCHENMÄRKTEN

Die Erstellung einer Website zur e-Mail-Listenerstellung kann durch die Wahl einer Domain erfolgen, die zum Thema des Nischenmarktes passt. Sie benötigen genügend Zeit, um eine Website zu erstellen, die eine einfache

Aufforderung enthält, die E-Mail-Adresse Ihrer Besucher zu erhalten. Dies kann mit fast jeder Website gemacht werden, die eine Mailingliste oder einen anderen Opt-in-Service nutzen kann, der nach der E-Mail-Adresse der Besucher fragt. Rein rechtlich müssen Sie sogar so vorgehen. Durch die Bereitstellung wertvoller Inhalte, die von den Besuchern genutzt werden können, können Sie sie überzeugen, sich in eine Mailingliste einzutragen, um über neue Themen informiert zu werden oder andere Informationen zu erhalten. Eine weitere gängige Methode ist das Anbieten von kostenlosen Geschenken im Austausch für die E-Mail-Adresse.

Um die Erstellung eines Listenerstellungsdienstes zu erreichen, der geplante E-Mails und Autoresponding-Dienste nutzt, können Sie sich einen Dienst ansehen, der als Mail Chimp verfügbar ist unter https://www.mailchimp.com mit verschiedenen weiteren freien und kostenpflichtigen Optionen. Der Dienst Mail Chimp ermöglicht es seinen Nutzern bis zu 2.000

Abonnenten zu speichern und bis zu 12.000 E-Mails pro Monat kostenlos zu versenden. Der Dienst funktioniert wie folgt:

Ein unbefristetes Konto ohne auslaufende Testphase und ohne Verträge. Dies ist besonders einfach zu benutzen, da keine Kreditkarte erforderlich ist. Wenn Sie mehr als diese großzügigen Mengen an Mailinglisten-Diensten benötigen, gibt es mehrere groß-dimensionierte Optionen, die für jede Liste verfügbar und erschwinglich sind. Die Wirkung solch einer Marketingstrategie ist aber atemberaubend.

Die Verwendung von Partnerprodukten als Marketinginstrument für den Verkauf an Ihre Mailingliste ist eine der einfachsten Möglichkeiten, Geld zu verdienen. Um dies zu erreichen, müssen Sie wertvolle Affiliate-Produkte finden, die zu einem guten Preis angeboten werden. Sobald Sie ein paar Dutzend gefunden haben, müssen Sie eine

E-Mail verfassen und sie als Nachrichten zur Vermarktung der Produkte an Ihre Mailingliste senden lassen.

Die E-Mails sollten mit einer Beschreibung des Produkts beginnen, in der die Vorzüge beschrieben werden. Schreiben Sie die E-Mails mit Handlungsaufforderungen zum Besuch der Partner-Website. Der Partnerlink sollte Ihre Empfehlungs-ID enthalten, damit Sie eine Gutschrift erhalten. Für alle Verkäufe, die über Ihre E-Mails getätigt warden, erhalten Sie dann Provisionen.

Die Erstellung gut geschriebener E-Mails, die auf den Verkauf von Produkten ausgerichtet ist, bietet größere Chancen, die Produkte zu verkaufen. Durch die Verwendung von Affiliate-Produkten, die höhere Auszahlungen in ihren Marketing-E-Mails anbieten, können Sie mehr verdienen. Mehr

Provision mit jedem Verkauf, den Sie durch diese E-Mails generieren.

Sobald Sie einige E-Mails erstellt haben, die Sie versenden möchten, können Sie sie so einstellen, dass sie mit dem Autoresponder-Service von Mail Chimp verschickt werden. Mit geplanten E-Mailing können Sie Ihren Abonnenten in kurzen Abständen Werbung für Partnerprodukte zukommen lassen. Fügen Sie einfach ein paar weitere Produkte hinzu, jede Woche eine größere Anzahl von Produkten, die Sie an Ihre Abonnenten vermarkten können. Sie werden mit der Zeit Verkäufe dieser Produkte verzeichnen. Hohe Konversionsraten sind mit einem gut geschriebenen E-Mail-Text möglich.

Ein paar Tipps für E-Mails, die Sie sich merken sollten:

E-Mail-Nachrichten sollten nicht zu lang sein.

Irgendwo zwischen ein paar Hundert Wörter bis etwa 600 Wörter ist eine gute Richtmenge, um mehr Informationen über die Produkte oder Dienstleistungen zu bieten. Wenn die E-Mail zu lang ist, wird der Abonnent sich langweilen und die Nachricht einfach überfliegen, ohne etwas zu kaufen.

Machen Sie eine Pause zwischen dem Versuch, Ihren Abonnenten etwas zu verkaufen, und Erstellen Sie wertvolle E-Mails mit Informationen, die Ihre Abonnenten bei der Stange halten.

14 VORLAGE 3: PASSIVES EINKOMMEN MIT DEM EIGENEN PRODUKT UND DER EIGENEN MARKE

Eine der lohnendsten Methoden zur Erwirtschaftung passive Einkommens im Internetmarketings ist die Entwicklung und Vermarktung Ihrer eigenen Produkte. Auf diese Weise werden Sie in der Lage sein ein Produkt herzustellen, das andere kaufen und nutzen können.

Ein Produkt zu entwickeln ist nicht immer einfach, aber es ist immer eine Möglichkeit, etwas in einer Nische zu vermarkten, in der Sie vielleicht sehr gut sind. Die Entwicklung eines Produkts hängt wirklich von der Zielgruppe ab und davon, ob es sich verkaufen lässt. Dazu ist ein wenig Marktforschung erforderlich, bevor Sie beginnen an der Entwicklung Ihres Produkts arbeiten. Prüfen Sie zunächst den Markt, um festzustellen, ob sie bereits existiert oder nicht.

Wenn ja, haben Sie zwei Möglichkeiten: Sie können Ihr eigenes Produkt herstellen und damit konkurrieren, oder das bestehende Produkt verstehen und es als zusätzliches Produkt auszubauen, das vermarktet werden könnte. Wenn das Produkt noch nicht existiert, kann es sich um ein Zeichen handeln, dass Sie mit der Idee Geld verdienen können. Vergewissern Sie sich zuvor bitte, dass es tatsächlich eine Nachfrage nach dem Produkt gibt, das Sie anbieten möchten.

Sobald Ihre Nachforschungen abgeschlossen sind und Sie sicher fortfahren können ein Produkt zu erschaffen, das sich auf dem Markt gut behaupten kann, müssen Sie dennoch laufend recherchieren, um mögliche auftretende Konkurrenten frühzeitig zu erkennen.

Suchen Sie nach ähnlichen Produkten auf dem Markt und untersuchen Sie, wie viel die Leute bereit sind, dafür zu bezahlen. Vergewissern Sie sich, dass es Ihre Mühe wert ist, das angestrebte Produkt zu verkaufen, bevor Sie sich die Zeit nehmen, es zu tun. Wenn Sie einfach nur ein neues Produkt verkaufen wollen, ist es am besten, wenn Sie ein Projekt von jemand anderem kaufen und es vermarkten. Diese Option setzt voraus, dass Sie über Geld verfügen, das Sie in eine solche Anlage investieren können.

Sie können auch immer über Joint Ventures nachdenken. Dies ist eine Partnerschaft im Unternehmen, oder über Unternehmen hinweg. Sie könnten ein Produkt in Zusammenarbeit mit einem anderen Hersteller erstellen, Designer beauftragen, oder ein anderes Unternehmen mit der Vermarktung betrauen. Gegen Bezahlung oder Gewinnbeteiliung.

15 VORLAGE 4: ANDERE WEBMASTER MIT DIENSTLEISTUNGEN VERSORGEN

Es gibt viele Gründe, warum ein Webmaster die folgenden Vorteile (SEO, Grafik und Content) für Ihre Dienstleistungen nutzen möchten. Sie stehen oft unter Zeitdruck, oder haben einfach keine freie Zeit, um die vielen Aufgaben, die sie benötigen, mit ihren eigenen Arbeitsstunden zu erledigen. Das kann an einem vollen Terminkalender liegen oder einfach daran, dass man nicht weiß, wie man einen Teil der Arbeit bei der Erstellung einer Website durchführt. Sie können Ihre Dienste als Dienstleistung für andere Webmaster anbieten. Ihre Bemühungen bezahlen sich gut und es gibt in der Regel immer einen Markt für derart Dienstleistungen.

Es ist immer eine gute Idee, Ihre Dienstleistungen in Bereichen zu verkaufen, in denen Sie ein besseres Verständnis der Dienstleistungen zur Erstellung von Websites haben. Sie können einfach erlernen, die folgenden Dienstleistungen ganz oder teilweise zu erbringen, um Ihre Dienstleistungen für andere Webmaster anzubieten. Ihre Leistungen könnten sein:

Technische Dienste

Technische Dienstleistungen werden von immer

mehr Unternehmen nachgefragt, die einfach nicht die Zeit haben, dies selbst zu tun. Sie können Sie für die Einrichtung von Websites, installieren von Blogs und erledigen verschiedene andere Aufgaben einsetzen. Einfach ist es allerdings nicht immer. Bleiben Sie bei dem, was Sie wirklich können und was Sie wirklich erlernt haben. Sonst wird es zu schnell zu unübersichtlich.

Da viele dieser Unternehmen bereit sind, Sie für die Erledigung dieser Aufgaben zu bezahlen, können Sie für die Dienstleistungen so viel verlangen, wie Sie wollen. Solange es sich nicht um eine grotesk hohe Gebühr handelt, werden die meisten Unternehmen bereit sein, sie zu bezahlen. Ihre Preise für Ihr Fachwissen bei der Durchführung dieser Aufgaben spricht auch für Ihre Qualität. Seien Sie also auch nicht zu billig.

Die Effizienz des Dienstes ist oft das, was sie suchen, und je schneller Sie die Dienstleistungen erbringen können, desto besser, denn sie wollen oft ein hohes Tempo anschlagen.

Je mehr dieser einfachen technischen Dienstleistungen Sie erlernen, desto mehr Informationen finden Sie auf Websites. Es steigen die Chancen, dass Sie Arbeit finden, die diese Aufgaben erfüllt. Denken Sie daran, dass nicht jeder über einige der Fähigkeiten verfügt, die Sie haben.Website. Das Beste, was Sie tun können, ist die Nutzung Ihres Wissens auf eine Art und Weise, die Ihnen einfaches Geld für Ihre Arbeit einbringt. Was sie selbst nicht können, können Sie auch an einen Drittanbieter beautragen.

SEO/SEM

Suchmaschinen-Optimierung und Suchmaschinen-Marketing sind eine gute Möglichkeit Geld zu verdienen, indem sie Dienstleistungen für andere Unternehmen erbringen. Durch die Bereitstellung von SEO-Dienstleistungen für Websites, können Sie helfen, den Inhalt zu optimieren und die Möglichkeit zu erhöhen, den Umsatz der Website zu steigern.

Suchmaschinenmarketing ist auch eine großartige Methode, um den Verkehr auf einer Website zu steigern und damit mehr Verkäufe möglich machen. Dies ist eine der besten Optionen für diejenigen, die die Funktionsweise der Suche verstehen. Suchmaschinen sind wie Motoren, um sie so zu nutzen, dass sie die Benutzerfreundlich laufen, benötigt jede Website genug Schmierstoff.

Die Fähigkeit, Suchmaschinenmarketing mit verschiedenen Methoden zu betreiben, ist ebenfalls sehr gefragt. Verstehen, wie man richtig über bezahlte Suchergebnisse gefunden wird, ist immer eine wertvolle Fähigkeit. Anstatt das Unternehmen und Webmaster ihre Zeit verschwenden und ihr Geld mit der Erstellung von Anzeigen vergeuden, die nicht funktionieren, können sie Sie stattdessen beauftragen, ihre Werbung zu machen, die Sie besser vermarkten können und erhalten viel mehr Besucher, als bei den eigenen Bemühungen der Unternehmen.

Website/Grafikdesign

Wenn Sie in der Lage sind, Websites zu erstellen oder Grafiken zu generieren, ist das immer eine gute Möglichkeit, diese als ein Produkt zu verkaufen, das für andere Unternehmen nützlich sein kann.

Website-Designs sind immer sehr gefragt, und je mehr und je professioneller das Design ist, desto mehr kann für das Design berechnet werden. Es ist nicht ungewöhnlich, dass Käufer vom täglichen Einerlei im Brei von Online-Auftritten die Nase voll haben. Sie wollen etwas Neues und ungewöhnliches, nur das erzeugt heute überhaupt noch eine Aufmerksamkeit bei den Besudchern. Außerdem heben Sie sich durch ein für das Unternehmen angepassten Designs der Webseite sicher von eventuell patentrechtlich geschützten Dingen im Internet ab. Das Gleiche gilt im Allgemeinen auch für das Grafikdesign. Die Vermarktung der erstellten Grafiken ist in der Regel eine der interessantesten Optionen für eine von Ihnen angebotene Dienstleitung.

Das Entwerfen von Grafiken ist wirklich etwas, das einige Zeit in Anspruch nimmt. Dementsprechend sind die Kunden bereit für die Grafiken teils hohe Beträge zu zahlen. Grafiken warden immer benötigt. Oft bedarf es dann noch mehrere Überarbeitungen der Grafiken, bevor die Arbeit erledigt ist. Dies kann ein lukrativer Nebeneffekt sein, wenn Sie echtes Talent haben und kreativ sind. Die Verwendung von vorgefertigten Vorlagen ist nicht immer etwas, das Website-Besitzer wollen. Sie wollen frische Websites haben, die nicht so sind, wie alle andere im Web. Dies wird Ihnen immer Arbeitsmöglichkeiten bieten können.

Vergewissern Sie sich, dass Sie wissen, wie Sie mit vielen Plattformen arbeiten können und mehrere Arten von Skriptsprachen beherrschen, um auf verschiedenen Märkten verkaufen bzw. Anbieten zu können. Die beste Option ist immer diejenige, die zur Verfügung steht, wenn andere nicht in der Lage sind, die Dienstleistungen für sie zu erbringen.

Werbetexte

Die Fähigkeit, gute und unique Texte zu schreiben – das sind Worte, die sich verkaufen. Qualität geht vor Quantität. Firmen und Unternehmen suchen immer wieder gute Autoren für Ihre Texte innerhalb der Wenseiten. Sie können Texte für eine Vielzahl von Produkten und Dienstleistungen erstellen. Durch den Verkauf der Texte können Sie es als Produkt (Schlagwort "Kontent") an andere Unternehmen vermarkten. Das ist eine sehr effiziente Methode, um Geld zu verdienen und auch ich habe jahrelang auf dem markt der Kontent-Autoren erfolgreich gearbeitet.

Eigentlich ist es mehr als nu rein Schreibdienst. Mit der Zeit bildet sich Vertrauen beim beauftragenden Unternehmen, sobald sie die ersten Texte haben und zufrieben sind. Kunden, die niemals zufrieden sein warden mit Ihren Texten sind Banken, Immobilienmakler und Finanzberater. Nach einschneidenden Erlebnissen in dieser branche lehnte ich eine Zusammenarbeit mit diesen Branchen konsequent ab. Geld verdirbt offenbar doch den Charakter.

Das Wichtigste beim Schreiben von Texten ist die

Tatsache, dass Sie relativ gut schreiben können müssen. Ausgezeichnete Schreibkenntnisse sind immer wichtig, aber es geht um mehr als nur korrekt zu schreiben. Sie müssen sich einfühlen und die Strategie Ihres Auftraggebers aufnehmen können. Als gefragter Autor für Werbetexte sind Sie gefragt und können eine höherwertige Arbeit abliefern, die relativ gut bezahlt werden kann.

Erstellung von Inhalten

Die Erstellung von Inhalten ist für Websites immer wichtig. Inhalt ist das, was verwendet wird, um auf Websites platziert zu warden. Neben von Ihnen verfassten Artikeln also auch das Produkt, das die Besucher auf die Website zieht und zum Online-Auftritt kommen lässt.

Die Erstellung von Inhalten wie Artikeln und anderen Arten von Medien kann eine einfache Möglichkeit sein, Geld zu verdienen. Artikel und

Medien können an jedem Ort vermarktet warden, und das zu vorgegebenem Preis. Meistens werden die Unternehmen versuchen, das beste Angebot zu drücken. Aber wenn sie von den Urhebern kaufen, dann sollte es ihnen auch etwas Wert sein.

Sie selbst sind in der Lage die Inhalte zu einem relativ niedrigen Preis zu produzieren. Als uniquer und einzigartiger Inhalt auf Websites oder sogar in gedruckten Publikationen können Ihre Texte sehr beliebt sein und so stetig verwendet werden.

Produkterstellung / Informationsprodukte

Sie können Produkte für andere Unternehmen erstellen, z. B. digitale Produkte. Eine weitere Möglichkeit, die Sie nutzen können, sind Informationsprodukte. Informative Produkte können alles umfassen, von Videos bis zu Ressourcen wie ebooks und Berichte. Dies sind einige der vielseitigsten Produkte, die sich auf dem Markt verkaufen lassen.

Andere Unternehmen sind immer auf der Suche nach Produkten, die sie kaufen können, sie möchten diese umbenennen und verschenken oder weiter verkaufen. Dies ermöglicht es Ihnen, die von Ihnen produzierten Inhalte in Geld umzuwandeln, indem sie diese Produkte als Dienstleistung verkaufen.

Schlußwort

Liebe Leserin, lieber Leser,

Sie haben gesehen, was Internet-Marketing bedeutet und haben vielleicht gerade jetzt das Gefühl eine gute Idee für die Generierung von passive Einkommen in die Tat umsetzen zu wollen. Nur zu! Denn all die gezeigten Vorlagen in diesem Ratgeber sind ohne finanzielle Mittel leicht startbar. Eine für Sie werbende Webseite sollten Sie haben – das kostet Sie einen kleinen Hosting-Platz und eine Domain. Kann zusammen € 20,- pro Jahr machen. Dann probieren Sie sich einfach aus und sehen, wie es läuft. Wichtig ist, und nehmen Sie das bitte zum Schluß dieses Buches mit: Geben Sie niemals zu früh auf. Zu Beginn eines jeden Vorhabens benötigen die Kraft und Särtke zur Überwindung der ersten Durststrecke. Aber glauben Sie mir – es wird sich für Sie auszahlen. Mittel und langfristig mit Sicherheit.

Lassen Sie sich gerne von meinen weiteren Sachbüchern anleiten und entdecken Sie zum Beispiel "Dropshipping – Erfolgreich ohne Wenn und Aber" ISBN 9798354759101. Eine besondere Möglichkeit passives Einkommen zu starten und deswegen einen eigenen Ratgeber wert.

Notizen

Notizen

Impressum

Autor: John T. Wild, Ultimate Internet Marketing (PLR Lizenzinhaber)

Vertreten durch Wietratec UG (haftungsbeschränkt), Hinterhofstr. 26, 90451 Nürnberg

Geschäftsführer Jochen Georg Wiecha

Bildquelle Titelblatt: kdp.amazon.com

Haftungsausschluss:

Die in diesem Buch gemachten Angaben zu wirtschaftlichen Vorgehensweisen können bei unsachgemäßer Befolgung den Totalverlust Ihres Kapitals bedeuten. Weder Autor noch Herausgeber haften für etwaige Schäden und Verluste durch das Lesen dieses Sachbuchs. Das Sachbuch ist zur Unterhaltung geschrieben und stellt keine Finanzberatung, Rechtsberatung oder Anlagetipps dar.

www.ingramcontent.com/pod-product-compliance
Lightning Source LLC
Chambersburg PA
CBHW031628210526
45464CB00004B/1807